海外債権管理の実務ハンドブック

三菱UFJリサーチ＆コンサルティング
保阪賀津彦 著　HOSAKA, Katsuhiko

中央経済社

はじめに

　海外債権管理で一番大事なことは何だろうか？

　海外で日常的に発生する支払遅延に対する迅速な対応だろうか？　債権回収のリスクヘッジ手段を講じることだろうか？　そうした対応ももちろん大事だが，最も大事なことは取引先や国の信用度を測り，それをベースに取引を構築することだ。

　信用度の低い取引先への販売を拡大する。信用度の高い取引先に一律の販売条件を提示する。こうした初期対応の誤りが，問題を引き起こす。

　信用度の低い取引先に販売を拡大していくと，ちょっとした外部環境の変化で資金繰りが破綻し売掛金が回収できなくなる。そこまで行かなくても，ひとたび資金繰りが悪化すると，その会社への督促は電話もなかなか通じず，大変な時間と労力を使う。この段階でリスクヘッジをしようとしても，リスクを取ってくれる保険会社や銀行はまずいない。外部に回収を委託することになれば，弁護士代やコレクションエージェンシー（回収代行会社）への支払報酬も嵩む。こうしたことに取られる時間やコストは相応に掛かるが，回収はそれほど見込めない。

　一方で信用度の高い取引先に厳しい取引条件を突きつけてしまい，相手にされない。これも問題だ。自社商品の知名度は上がらず，いつまで経っても海外事業の売上は増えてゆかず赤字が積み上がる。

　何ごともそうだが，そうなる前に事前準備をしっかり整備しておくことが大事だ。

　信用度を測り，適切な取引限度や取引条件を設定する。取引限度や取引条件が取引先と擦り合わない場合には，リスクヘッジ手段を導入する。こうした態勢を整備しておけば，自社の海外営業部門も海外子会社も支払遅延や回収不能債権に悩まされることなく，健全な販路拡大ができる。

取引相手国についても，同じことがいえる。カントリーリスクの高い国の取引先宛てに輸出していると，突然その国に対する輸出債権がすべて回収不能になる。また，カントリーリスクの高い国で事業展開をしていると，順調だと思っていた事業が国の事情で，突然破綻する。こうなったら手の打ちようがなく，それまで積み上げてきた債権や資産は紙屑になる。

国の信用度を測り，適切な取引限度や取引条件を設定する。こうした態勢を整備しておけば，あとはリスクのある国に対して対策を講じればよい。輸出をするのであれば，L/Cコンファメーション等のリスクヘッジ手段を導入する。カントリーリスクの高い国で事業展開するのであれば，いつリスクが発現してもいいように，債権が積み上がるたびに現金化して安全な国に移しておく。

こうした事前の対応をしっかりとしておけば，カントリーリスクは怖くない。

海外債権管理態勢を事前にしっかりと整えることは，健全な海外事業の成長のために必須の条件である。

人口減少で市場拡大が見込めないといわれる日本だが，実は周辺国のビジネス環境はかなり恵まれている。高成長が見込まれ比較的カントリーリスクも小さい東アジアと東南アジアの国々，先進国の中では成長率が高い北米およびオセアニアの国々，中南米の中でカントリーリスクが低く成長を続けるTPP加盟の国々と，日本はビジネスチャンスに溢れる国に囲まれている。

ただ，海外債権に関するビジネス環境には注意が必要だ。日本のように支払期日遵守をはじめとする企業規律，財務内容双方が優良な企業が揃っている国は，そうは多くない。海外では支払期日は守られないのが当たり前で，倒産も少なくない。決済制度をはじめとして地域ごとに商慣習も違う。このため，海外債権管理には日本とは異なるさまざまな対応策を知っておかなければならない。

本書では，第1章で海外販路拡大を目指す日本企業が陥りやすい罠とその対応策について述べた後，第2章〜第4章で企業や国の信用度分析を軸に海外債権管理態勢を具体的にどのように整えるべきかを説明する。最後の第5章では

取引先や国が危険な兆候に陥った場合の見分け方や支払遅延時の対処方法についてご紹介する。

　皆様が安心して豊かな海外ビジネスの果実を得ることに，本書が少しでも役立てば幸いである。

　最後に，本書の出版にあたり企画段階から多大なご尽力をいただいた中央経済社の坂部秀治氏，さまざまなアドバイスをいただいた三菱UFJリサーチ＆コンサルティング国際アドバイザリー事業部の皆様，その他ご協力をいただいたすべての皆様に深く感謝申し上げる。

　2019年10月

保阪　賀津彦

CONTENTS

はじめに　i

第1章　海外債権管理で日本企業が陥りやすい２つの罠とその対応策⋯⋯⋯⋯ 1

1 陥りやすい1つ目の罠と対応策⋯⋯⋯⋯⋯⋯⋯⋯⋯⋯⋯⋯ 2
(1) 信用度の低い取引先との取引で目標達成　2
(2) 対応策　4

2 陥りやすい2つ目の罠と対応策⋯⋯⋯⋯⋯⋯⋯⋯⋯⋯⋯⋯ 5
(1) 厳格な取引条件による売り逃し　5
(2) 対応策　7

3 2つの罠の対応策と本社が関与する意義⋯⋯⋯⋯⋯⋯⋯⋯ 8

4 日本と海外の商慣習の違いと共通点⋯⋯⋯⋯⋯⋯⋯⋯⋯ 10
(1) 日本と海外の商慣習の違い　10
　① 期日に対する考え方　10
　② 手形・小切手制度　11
　③ 担当者　11
(2) 共通点　13
　① 決算書　13
　② 支払の態度　13
　③ 危険な兆候　14

(3) 対　策　14

　　①　支払遅延対策　14

　　②　決済手段　14

　　③　督　促　15

　　＜コラム＞　海外債権管理で海外子会社の資金繰りも改善　16

第2章　海外企業の債権管理／与信管理 19

1　ビジネスの流れと債権管理 20

(1)　取引先からの引き合い　20

(2)　取引条件交渉から契約まで　21

(3)　入金管理　21

2　海外企業の信用情報入手方法 （信用調査会社と当局データの活用） 22

(1)　東アジア　22

　Q2-1　中国企業の情報を集めるには？　23

　Q2-2　韓国企業の情報を集めるには？　26

　Q2-3　台湾・香港企業の情報を集めるには？　28

(2)　東南アジアおよびインド　31

　Q2-4　タイ企業の情報を集めるには？　32

　Q2-5　マレーシア企業の情報を集めるには？　34

　Q2-6　シンガポール企業の情報を集めるには？　37

　Q2-7　フィリピン企業の情報を集めるには？　40

　Q2-8　ベトナム・インドネシア企業の情報を集めるには？　41

　Q2-9　インド企業の情報を集めるには？　44

CONTENTS　III

 (3)　欧州・ロシア・中東　　46

 (4)　北米・中南米　　48

3　入手した情報の分析方法 ……………………………………………… 51

 (1)　決算情報の分析　　51

  ①　キャッシュフローが回っているか？　　51

  ②　キャッシュフローの蓄積があるか？　　52

  ③　キャッシュフローと負債とのバランスはどうか？　　52

 (2)　登記情報の分析　　53

  ①　設立日　　53

  ②　株　主　　54

  ③　代表者・取締役　　54

  ④　当局が示す情報　　54

  ＜コラム＞　当局のウェブサイトから入手できる決算書は信頼できる？　55

  ＜コラム＞　決算書ではわからない取引先の危険な兆候は？

       【経営者関連】　56

  ＜コラム＞　決算書ではわからない取引先の危険な兆候は？

       【支払状況】　58

  ＜コラム＞　各国信用調査会社の特徴を知ろう　60

4　取引先の信用度と取引限度・取引条件 ……………………………… 63

 (1)　取引先の信用度の把握　　63

 (2)　信用度に応じた取引限度の設定　　64

  ①　取引見込額による限度設定　　64

  ②　取引先の買掛債務額による限度設定　　66

  ③　信用度による限度設定（自社体力を勘案した計算）　　68

 (3)　信用度に応じた取引条件の設定　　69

  ①　信用度「優」の取引先　　70

  ②　信用度「良」の取引先　　71

③ 信用度「可」の取引先　71

④ 信用度「不可」の取引先　71

(4) 貿易の場合の取引条件　72

① D/P（Documents against Payment）取引　72

② D/A（Documents against Acceptance）取引　76

③ L/C取引　77

④ 貿易の場合の取引条件　78

＜コラム＞　正確な書類作成ができなければL/Cはもらわないほうがいい？　80

＜コラム＞　取引条件が合わない。取引限度を超える。取引をやめるほうがいい？　83

5 典型的な不適切な取引とその回避方法 ················· 88

(1) 循環取引　88

(2) クレジットノートを利用した取引　90

(3) 押し込み販売　91

(4) 取引先振出の手形を割り引くことによる資金融通　92

(5) 実態のないファクタリング　94

(6) 不適切な取引の防止策　95

① 不適切な取引の動機　95

② 不適切な取引の防止策　96

＜コラム＞　リスクヘッジコストを価格に転嫁する販売手法　101

第3章　カントリーリスクの管理 ················· 103

1 カントリーリスクとは？ ················· 104

CONTENTS V

2 カントリーリスクの分析方法……………………………………………… 105

(1) カントリーリスク評価指標　105

　① 格付機関の格付け　105

　② 貿易保険会社のカントリーリスク評価　106

　③ クレジットデフォルトスワップ（CDS）　106

　④ 為替レート　107

(2) カントリーリスクを予兆する経済指標　107

(3) 経済情勢によるカントリーリスクの兆候を示す経済指標　108

　① 経常収支　108

　② 短期対外債務　109

　③ 外貨準備高　109

(4) 政治・社会情勢によるカントリーリスクの兆候を示す経済指標　111

　① 消費者物価上昇率　111

　② 失業率　111

　③ 悲惨指数　111

(5) どのようなものが売れるかの目安になる経済指標　116

　① 1人当たりGDP　116

　② 国全体と都市部の1人当たりGDPの差異目安　117

　③ 都市部人口　118

　Q3－1 東アジア諸国の経済指標は？　120

　Q3－2 東南アジア諸国の経済指標は？　122

　Q3－3 南アジア諸国の経済指標は？　126

　Q3－4 オセアニア諸国の経済指標は？　128

　Q3－5 中東・アフリカ諸国の経済指標は？　130

　Q3－6 ロシア・周辺諸国の経済指標は？　136

　Q3－7 欧州諸国の経済指標は？　138

Q3-8	中南米諸国の経済指標は？ 144
Q3-9	北米諸国の経済指標は？ 148
＜コラム＞	明治維新は経済指標で予測できた？ 150
＜コラム＞	米国や欧州諸国が難民問題に悩む理由と
	日本のビジネスチャンス 152

第4章 海外現地取引の決済制度とリスクヘッジ手段 ……………………… 155

1 現地取引の決済制度およびリスクヘッジ手段の特徴 …………………… 156

(1) ファクタリング 156

(2) 取引信用保険 158

(3) 銀行を利用したリスクヘッジ手段（Domestic L/C，銀行引受手形） 160

Q4-1	中国の決済事情とリスクヘッジ手段は？ 161
Q4-2	アジア諸国の決済事情とリスクヘッジ手段は？ 174
Q4-3	欧州諸国の決済事情とリスクヘッジ手段は？ 188
Q4-4	米国の決済事情とリスクヘッジ手段は？ 191

2 カントリーリスクに対するヘッジ手段 …………………………………… 198

(1) L/Cコンファメーション 199

(2) フォーフェイティング 201

(3) 邦銀が提供するカントリーリスクヘッジ商品の留意点 202

(4) 貿易保険 204

① 日本貿易保険の場合 204

② 外資系保険会社の場合 206

(5) 取引先の海外拠点を利用したリスクヘッジ 206

CONTENTS **VII**

3 現地販売取引におけるカントリーリスクヘッジ ················· 208

(1) カントリーリスクヘッジの手順　208

(2) 持株会社の活用　211

4 海外子会社投資におけるカントリーリスク ························· 214

(1) 海外子会社が国から接収されるリスク　214

① リスクの内容　214

② 対応策　218

(2) 送金停止となるリスク　220

① リスクの内容　220

② 対応策　220

(3) 為替リスク　221

① リスクの内容　221

② 長期的な為替相場理論　222

③ 為替リスクの対応策　231

④ 実務的な対応策　234

＜コラム＞　カントリーリスク再び？　238

第5章 | 既存取引先の与信管理 ······················· 241

1 取引先の危険な兆候 ······························· 243

(1) 日常の取引振り　243

① 支払遅延　243

② 取引条件の変更，支払期間の延長の申請　244

③ Credit Applicationの活用　244

④ 急な大口発注　250

⑤ 契約違反　250

(2) 法的な変化　250

　① 倒　産　250

　② 法令違反・不祥事発生　251

　③ 会社分割・営業譲渡，会社合併　251

　④ 多額の企業買収　252

　⑤ 主要子会社の倒産　252

(3) 財務内容の変化　253

(4) 外部環境の変化　253

　① 所在国の格付けやカントリーリスクランクの下落　253

　② 親会社の業績変化，親会社の持株比率減少　254

　③ 主要な仕入先・販売先の倒産　254

(5) 内部環境の変化　255

　① 主要役員の突然の退任　255

　② 社長の交代　256

2 **国の危険な兆候**..256

3 **支払遅延時の対応**..257

(1) 支払遅延の原因　257

　① インボイスの問題　257

　② 商品の問題　258

(2) 支払遅延の対応策　259

　① 言い訳理由の特定　259

　② 理由の先方非・当方非の確定　259

　③ 債務を認めさせる（手形・先日付小切手の取得）　259

　④ 債務を認めさせる（取引残高明細書による確認）　260

　⑤ 督　促　261

　⑥ 電話での督促の方法　263

　⑦ 30日を超える支払遅延が定着化した場合の対応　267

CONTENTS　IX

　　　＜コラム＞　アジア企業の親族経営　269

付　録　海外企業宛て債権管理状況確認シート　　271

図表目次

〈第1章〉

図表1-1 信用度の低い会社との取引を拡大してしまう理由　3

図表1-2 売上の質の評価―格付けごとの債権分布表＆予想貸倒損失額算出表　5

図表1-3 使ってもらわないと商品のよさがわからない　6

図表1-4 取引先の信用度に応じた取引条件による販路拡大　8

図表1-5 海外子会社と本社の役割分担のイメージ　9

図表1-6 日本と海外の商慣習の違い　12

図表1-7 海外の商慣習を踏まえた対策　15

〈第2章〉

図表2-1 ビジネスの流れと債権管理　21

図表2-2 東アジア諸国の非上場会社決算書等の入手可能性　23

図表2-3 中国国家市場監督管理総局の国家企業信用信息公示系統のウェブサイト　24

図表2-4 中国国家市場監督管理総局ウェブサイトで入手できる情報　25

図表2-5 韓国金融監督院　DARTのウェブサイト　27

図表2-6 DARTで入手できる決算情報例　27

図表2-7 台湾経済部商業司　商工登記公示資料照会のウェブサイト　29

図表2-8 台湾商工登記公示資料照会で入手できる主な登記情報　29

図表2-9 香港公司註冊處綜合資訊系統（ICRIS）のウェブサイト　30

図表2-10 東南アジア諸国およびインドの非上場会社決算書等の入手可能性　31

図表2-11 タイDBD　ログインおよび企業検索画面　32

図表2-12 タイDBDのウェブサイトで入手できる決算情報　34

図表2-13 マレーシア企業委員会（CCM）ウェブサイト利用者登録画面　35

図表2-14 マレーシア企業委員会（CCM）決算情報サンプルおよび項目　36

図表2-15 シンガポール会計企業規制庁（ACRA）ウェブサイト　38

図表2-16 シンガポールACRA決算情報項目　39

図表2-17 フィリピン証券取引委員会（SEC）ウェブサイト　40

図表2-18 ベトナムNational Business Registrationのウェブサイト　41

図表2-19	インドネシア法務人権省National Business Registration初期画面	43
図表2-20	インドネシア法務人権省National Business Registration検索画面	43
図表2-21	インドネシア法務人権省National Business Registration検索結果画面	44
図表2-22	インド企業省（MCA）ウェブサイト　決算情報入手画面	45
図表2-23	インド企業省（MCA）ウェブサイト　登記情報入手画面	46
図表2-24	欧州諸国・ロシア・トルコの非上場会社決算書等の入手可能性	47
図表2-25	米州諸国の非上場会社決算書の入手可能性	48
図表2-26	トレードレファレンス　仕入先連絡先記入表	49
図表2-27	支払遅延から倒産への過程	51
図表2-28	決算情報で見るべきポイント	53
図表2-29	登記情報で見るべきポイント	55
図表2-30	当局宛て決算報告で粉飾決算をするリスク	56
図表2-31	決算書ではわからない取引先の危険な兆候―経営者関連	58
図表2-32	決算書ではわからない取引先の危険な兆候―支払振り	59
図表2-33	日米欧信用調査レポートの特徴	62
図表2-34	信用度の分類例	64
図表2-35	取引見込額を取引限度に設定する意義	66
図表2-36	信用度ごとの限度設定例	69
図表2-37	取引限度を3つの方法で計算する意義	69
図表2-38	短めの取引期間設定のメリット	70
図表2-39	営業上のメリット	71
図表2-40	信用度別の国内取引条件	72
図表2-41	送金決済の問題	73
図表2-42	為替手形の例	74
図表2-43	為替手形と船積書類を組み合わせた取引	75
図表2-44	D/P取引とD/A取引の違い	76
図表2-45	信用度別の貿易取引条件	79
図表2-46	L/C取引の意義	82
図表2-47	国際ファクタリングの仕組み	84
図表2-48	保証取引と債権売却取引	87
図表2-49	循環取引例	89

図表2-50 クレジットノートを利用した取引例　91
図表2-51 押し込み販売例　92
図表2-52 取引先振出の手形割引による資金融通　93
図表2-53 実態のないファクタリング　94
図表2-54 不適切な取引とその動機　95
図表2-55 不適切な取引の防止策　100
図表2-56 リスクヘッジコストを価格に転嫁する販売手法例　102

〈第3章〉
図表3-1 2000年前後のカントリーリスク発現例　105
図表3-2 カントリーリスク評価指標　107
図表3-3 経済情勢によるカントリーリスク関連経済指標　111
図表3-4 チュニジアの悲惨指数推移　113
図表3-5 ウクライナの悲惨指数推移　114
図表3-6 フランスの悲惨指数推移　115
図表3-7 フランス若年層15〜24歳の失業率推移　116
図表3-8 政治・社会情勢によるカントリーリスク関連指標　116
図表3-9 1人当たりGDP—都市部の目安　118
図表3-10 2030年の人口集積都市圏　119
図表3-11 東アジア諸国の主要経済指標　121
図表3-12 東南アジア諸国の主要経済指標①　123
図表3-13 東南アジア諸国の主要経済指標②　125
図表3-14 南アジア諸国の主要経済指標　127
図表3-15 オセアニア諸国の主要経済指標　129
図表3-16 中東諸国の主要経済指標　131
図表3-17 アフリカ諸国の主要経済指標①　133
図表3-18 アフリカ諸国の主要経済指標②　135
図表3-19 ロシア・周辺諸国の主要経済指標　137
図表3-20 欧州諸国の主要経済指標①　139
図表3-21 欧州諸国の主要経済指標②　140
図表3-22 欧州諸国の主要経済指標③　142
図表3-23 欧州諸国の主要経済指標④　143

図表目次　**XIII**

図表3-24　中南米諸国の主要経済指標①　145
図表3-25　中南米諸国の主要経済指標②　147
図表3-26　北米諸国の主要経済指標　149
図表3-27　江戸末期の大阪における一般卸売物価指数推移　151
図表3-28　地域ごとのカントリーリスクまとめ　152
図表3-29　カントリーリスクのある地域概観　153

〈第4章〉
図表4-1　ファクタリングの仕組み　157
図表4-2　取引信用保険の仕組み　159
図表4-3　取引銀行がリスクを取れる理由　161
図表4-4　中国の手形・小切手制度　166
図表4-5　電子手形発行時の流れ　169
図表4-6　電子手形取立時の流れ　170
図表4-7　中国の電子銀行承兌匯票（電子銀行引受手形）のメリット　171
図表4-8　中国の取引先の特性とリスクヘッジ手段　174
図表4-9　アジア諸国の銀行送金以外の主要決済手段　175
図表4-10　銀行口座保有またはモバイル決済利用率　176
図表4-11　香港 e-Cheque発行画面および入金画面のイメージ　178
図表4-12　シンガポール，マレーシア，タイの電子送金制度　179
図表4-13　アジア諸国の不渡制度概観　183
図表4-14　アジア諸国の支払期間　184
図表4-15　フロンティングと再保険の違い　186
図表4-16　フロンティングサービス（新取引信用保険スキーム図）　186
図表4-17　アジアにおける現地販売取引の代金回収リスクヘッジ手段　187
図表4-18　SEPA加盟国　189
図表4-19　欧州の取引先の特性とリスクヘッジ手段　191
図表4-20　米国の小切手関連サービス　192
図表4-21　米国の取引先の特性とリスクヘッジ手段　195
図表4-22　コレクションエージェンシーを利用したほうがよい取引先　197
図表4-23　L/Cオープンコンファメーションの仕組み　199
図表4-24　L/Cサイレントコンファメーションの仕組み　200

XIV

図表4-25　フォーフェイティングの仕組み　202

図表4-26　日本貿易保険の貿易一般保険における事故発生時の手続　205

図表4-27　取引先の海外拠点を利用したカントリーリスクヘッジ　207

図表4-28　現地販売のカントリーリスクヘッジ手法　210

図表4-29　持株会社の活用　213

図表4-30　投資協定締結国（発効済み国・EPA投資章締結国を含む）　215

図表4-31　投資協定署名・発効未済国（EPA投資章締結国を含む）　217

図表4-32　UNCTAD　Investment Policy Hubの見方　219

図表4-33　海外子会社におけるカントリーリスクの頻度と被害額　221

図表4-34　購買力平価理論が成り立つ理由　223

図表4-35　物価上昇率で購買力平価が変動する理由　224

図表4-36　ドル/円の購買力平価とドル/円相場　226

図表4-37　物価上昇率と金利が影響し合う理由　228

図表4-38　為替予約レートが金利差で決定される理由　229

図表4-39　3つの理論とその結論　231

図表4-40　投資に関わる長期的な為替リスクまとめ　232

図表4-41　インド投資に関わる長期的な為替リスク　232

図表4-42　カントリーリスクのある国への資金投下方法　236

図表4-43　実質現地通貨建て親子ローン―インドネシアの例　237

図表4-44　海外子会社投資におけるカントリーリスクまとめ　237

図表4-45　米国の利上げで想定される影響　240

〈第5章〉

図表5-1　Credit Applicationの構成①　245

図表5-2　Credit Applicationの構成②　246

図表5-3　Credit Applicationの構成③　247

図表5-4　Credit Applicationの構成④　247

図表5-5　Bank Referenceフォーム　249

図表5-6　取引先の危険な変化（危険な状態に陥るリスクをはらむ変化も含む）　255

図表5-7　国の危険な兆候　256

図表5-8　支払遅延の理由　259

図表5-9　Statement of Account：取引残高明細書の例　262

図表目次 **XV**

図表５-10 督促方法比較　264
図表５-11 督促時の取引先の反応と対応策（債務の承認関連）　266
図表５-12 督促時の取引先の反応と対応策（支払約束関連）　266
図表５-13 支払遅延時の対応フロー　268

第 1 章

海外債権管理で
日本企業が陥りやすい
２つの罠とその対応策

1 　陥りやすい1つ目の罠と対応策

（1）信用度の低い取引先との取引で目標達成

　海外子会社の業績評価を，売上高と利益額の目標の2つだけで行っている。そして売上高と利益額の目標を達成していれば，よい経営ができているとして高く評価している。そんな状態になってはいないだろうか？

　「この子会社は優良だから経営は任せている」，ここに罠が潜んでいる。

　海外子会社が自由に取引条件を決めることができれば，実は売上高と利益額の目標を達成することは，さほど難しいことではない。**その禁断の目標達成手段は，信用度の低い，資金繰りで困っている取引先に代金支払を猶予して販売することだ。**こうした取引先は喜んで注文をし，高めの価格を提示しても「資金面でお世話になっているから」と，簡単に応じてくる。高価格での売上が増えれば，売上高も利益額も簡単に達成できる。ただ，こうした取引先の経営は不安定で，倒産する可能性も高い。

　現地の景気悪化や金利の上昇等，外部環境の悪化をきっかけに，信用度の低い取引先向けの積み上げてきた売掛金が突如，回収不能になる。海外子会社の売上の大半がそうした取引先向けであったなら，海外子会社は資金繰りが回らなくなる。その資金を親会社が支えることができなかったら，親会社も破綻する。

　実際，過去にそうした事例が起きている。その会社の場合は，中国の景気減速を契機に，積み上がった売掛金の大半が回収不能となり，中国子会社が破綻，本社も単独では生き残れない状態に陥った。この状況に陥る前は，当社は中国事業が好調で，連結でも増収・増益であることが評価され，株価も上昇していた。

　なぜ，そういうことになってしまったのか？　海外子会社の立場に立って考えてみよう。

売上高と利益額の目標があり，目標は容易に達成できそうにない。そうした時に信用度の高い取引先と資金繰りに困っている取引先がいて，目標達成のプレッシャーが強かったなら，営業担当者はどう行動するだろうか？

信用度の高い取引先にはライバル企業も熱心に営業しており，なかなか参入余地が見出せない。やっと参入できても値引きしないと買ってくれない。

一方，資金繰りに困っている企業はライバル企業の攻勢も少なく，支払期間を長くすれば容易に販売ができ，かつ高い値段で買ってくれる。訪問すれば歓迎してくれる。その取引先にとってみると単に資金繰り改善目的かもしれないが，どんどん注文が来る。

目標達成のために資金繰りに困っている企業と取引を深めていくのは，自然

図表1-1　信用度の低い会社との取引を拡大してしまう理由

信用度の低い会社	信用度の高い会社
・競争はあまりない。 ・資金も不足気味	・競争は激しい。 ・資金は余剰or銀行から容易に調達可能
・取引しやすい。 　競争もなく，収益も稼ぎやすい。 ・支払期間を許容してあげれば，資金繰りも改善。取引拡大要請！	・取引するのは大変。 　競争が激しく，簡単に取引できない。 ・支払期間許容は競合相手次第で求められるが，それで仕入が拡大するわけではない。

- 信用度の低い会社との取引を増やしていくことで，売上高・利益額目標を毎期達成
- 目標を達成し続けるために，（危ない兆候があっても）信用度の低い会社との取引を継続

の流れとさえいえる。ことによると営業マンは薄々「この取引先は危ないかもしれないな」と気付いていても，目標達成のために背に腹は代えられないと考える。そのようなことに陥ると前述の破綻事例になってしまう。

結局，売上高と利益額の目標達成度だけで子会社の業績評価をしてはならないのである。

（2）対応策

こうした罠に嵌らないためには，どうすればよいのだろう？　その答えは，**売上に（量だけでなく）質を求めることだ。**

売上高と利益額という量的な評価だけだと，資金繰りの厳しい取引先との取引を伸ばそうというインセンティブが生まれやすい。

ここに売上の質（信用度の高い取引先との取引は高く評価するが，信用度の低い取引先との取引はあまり評価しない）という指標を入れることで，営業担当者の行動を変えることができる。

売上の質の評価は次のように行う（**図表1-2**も参照）。

---

① 取引先を信用度に応じて格付けする。

② その格付けごとに売掛債権を並べ，表にする。なお，前金や即時入金分は代金が回収できているので数字に含めない。

③ 低格付けの取引先でも銀行保証や取引信用保険等のリスクヘッジ手段が付与されていれば，代金回収が不能となるリスクは軽減できる。むしろリスクヘッジ手段が付けられるのであれば，積極的に取引をすべきである。そこで債権額からリスクヘッジ額を控除して，リスクが残っている（裸の）与信額を算出する。

④ このような表を海外子会社から提出させる。**信用度の低い格付けの欄に売掛債権が溜まっているようであれば，たとえ売上高や利益額の目標が達成できていても評価しない。**

第1章　海外債権管理で日本企業が陥りやすい2つの罠とその対応策　　5

　ここで，格付けごとの倒産確率がわかれば，さらに精緻な分析が可能だ。分析は，次のように行う。

---

⑤　格付けごとの売掛債権額からリスクヘッジ額を控除した額に倒産確率を掛け算する。これで，予想貸倒損失額が計算できる。

⑥　海外子会社の利益額から予想貸倒損失額を控除する。この予想貸倒損失控除後の利益を目標として設定する。

　ここまでできれば，信用度の低い取引先と取引を拡大しても，予想貸倒損失額が拡大し，控除後の利益が減少，下手をすると赤字化するため，自然に信用度の高い企業との取引拡大を進めるインセンティブが発生する。

図表1-2　売上の質の評価―格付けごとの債権分布表＆予想貸倒損失額算出表

格付け	債権額	リスクヘッジ額	与信額	倒産確率	予想貸倒損失額
	A	B	C＝A－B	D	C×D
1	2,000		2,000	0.5%	10
2	1,000		1,000	1.5%	15
3	4,000	2,000	2,000	2.5%	50
4	3,000		3,000	10.0%	300
合計	10,000	2,000	8,000		375

2　陥りやすい2つ目の罠と対応策

（1）厳格な取引条件による売り逃し

　海外で売上を増やすのは容易ではない。日本では知名度が高く自然に売れていくような商品でも，海外ではまず認知度を上げないと売れない。商慣習も異

なるし，流通網も整える必要がある。そのために販売代理店を通じて販売をしていく企業も多いが，思うように代理店が動いてくれないことも多い。そして，さまざまな障害を乗り越えて商談が舞い込んでも，厳格な取引条件がネックとなり，成約に至らないといった事例もよく聞く。

日本の製品は，自動車をはじめとして，"長く使っても品質が変わらない"ことが評価されることが多い。ただ，こうしたよさは実際に使ってもらわないとわからない。多くの人に使ってもらい，よさが評判として広がっていくことが販路拡大のポイントになっている。

日本で知名度が高く，そのよさが浸透している商品の場合，日本では強気の取引条件で安定的な受注が取れる。

海外での販売で「代金回収不能になるリスクもありそうだし，日本では受注できているのだから海外でも強気な取引条件で取引ができるだろう」と，海外子会社や海外営業担当に「前金取引しかしてはならない」「必ずL/Cをもらえ」といった指導をするとどうなるか？

回収不能のリスクを心配する以前に，売上が伸びないことになる。海外では，

図表1-3 使ってもらわないと商品のよさがわからない

日　本	海　外
・商品の知名度高い。 ・長く使っても品質が変わらないことがセールスポイント 　⇒利用者からの評判でさらに売れる。 ・強気の取引条件で安定的な受注あり	・商品の知名度低い。 ・商品の利用者が少ないため，長期的な品質の評判が伝わらない。 ・本社からは日本同様に強気の取引条件で営業するように指導

売れない⇒「使ってよかった」等の利用者の評判が少ない⇒今後も売れない……という悪循環に

第1章　海外債権管理で日本企業が陥りやすい2つの罠とその対応策　7

日本で売れている各種要因が備わっていない。**商品の知名度は低く，商品を利用している者も少ないため，長く使っても変わらない品質のよさも伝わらない。** よい評判もなくて，取引条件も厳しい商品の販路は自然に狭まっていく。

（2）対応策

　すでに取引基盤のできている日本とこれから販路を開拓する海外では，販売方法を変えていく必要がある。ただ，海外で代金回収不能事故が起きるのも避けたい。

　代金回収不能となるリスクを回避しつつ，海外での販売を伸ばす。この方策は，**信用度の高い取引先と低い取引先を見極めて，信用度に応じた取引条件で販売していくことだ。**

　信用度の高い取引先は他の会社から前金取引を求められることは少なく，むしろ独自の取引条件を持ち，それを強要してくることが多い。取引先のオファーと他社動向を推定したうえで，積極的な取引条件を提示していく必要がある。

　信用度の低い取引先については，前金の取引条件だけではなく，取引先のオファーや他社動向を勘案したうえで，銀行保証や取引信用保険といったリスクヘッジ手段を付けるか，ファクタリング等で債権を売却し代金を先に回収してしまう（なお，ファクタリングの場合は取引先が倒産した場合に売却代金の返還を求められることがあるので，取引開始時に確認されたい。詳細は**第4章参照**）。

　リスクヘッジ手段を付けると，多少販売コストが高くなるが，そのコストは，信用度の低い取引先であれば受け入れてくれる可能性がある。彼らの多くは「本当は貴社の商品を買いたいが，前払いするような資金はとてもない」といった状況にある。そうした取引先は多少コストが高くなっても，後払いであれば商談に応じてくれる。

　こうしてさまざまな取引先と取引が開始できれば，自社製品の品質のよさを評価する声が伝わってゆき，販路も拡大していくという好循環が生まれていく。

図表1-4	取引先の信用度に応じた取引条件による販路拡大
信用度の高い取引先 （優良取引先）	■踏み込んだ取引条件の設定で取引を積極化 ⇒「他社に取引を取られる」といった機会損失を回避
信用度の低い取引先 （代金回収リスクの ある取引先）	■リスクヘッジ策を講じたうえで，販路拡大 ⇒「リスクヘッジ策を講じることなく取引断念」と いった機会損失を回避

3 　2つの罠の対応策と本社が関与する意義

2つの罠への対応策は大きく変わらない。結局，**取引先の信用度を見極めて信用度に合わせた適切な取引をし，それを本社に報告させることだ。**

ここで問題になるのが，誰がどのように取引先の信用度を見極めればいいのか？という点だ。海外子会社のマネジメントは多忙である。人の雇用・教育，退職者への対応，組合対策，品質向上・維持，販路開拓，当局対応等，次から次へと難題が降りかかってくる。取引先の信用度を把握するためには，決算分析や定性評価等の作業を定期的に行う必要があるが，その暇はない。

また，海外子会社のマネジメントは，製造子会社であれば工場の安定稼働のために工場長等が，販売子会社であれば販路開拓のための営業部長等が選任されることが多く，管理部署の経験が不足しているケースもある。**多忙なマネジメントを支えるためには，本社のサポートが欠かせない。**

本社には少なくとも日本国内の与信管理のノウハウがあり，多くの場合，管理部門に取引先の審査を行っている担当者がいる。与信管理の基本は日本でも海外でも同じで，決算書の基本的な構成も全世界共通である。各国が法人に課税するために，どの国でも決算書の作成と税務当局への提出は必須化されている。そして，どの国でも倒産しそうな企業は似たような定性的な兆候が現れる。

このように，日本の与信判断のノウハウがほとんどそのまま使える。そもそも本社は，貿易も行っており，海外営業担当者の与信管理は本社が行っている

ケースが多い。海外子会社の与信管理も本社が十分にサポートできるはずだ。

海外債権管理を本格的に始めるにあたっては，海外子会社には現地でしか取れない情報（取引先の定性情報，たとえば社長の経営姿勢等の現地ヒアリング情報，そして現地で入手した決算書等）を送ってもらい，その情報をもとに本社が与信管理を行うというのでもよい。

その後で海外子会社の担当者のスキルや多忙度合いによって，与信管理の役割を徐々に海外子会社に移譲していくのが現実的である。

さらに海外子会社の売掛債権の状況を把握するために，海外子会社から貸借対照表（以下，「バランスシート」「B/S」）や損益計算書（以下，「P/L」），資金繰り表とともに，前述の債権分布表を提出させる態勢にしておけば，安定的な子会社経営は可能だ。

債権分布表の提出は，本社から見ると次のような戦略的な活用も可能だ。**債権分布表には海外マーケットの特徴が現れる。**たとえば信用度の高い企業が多

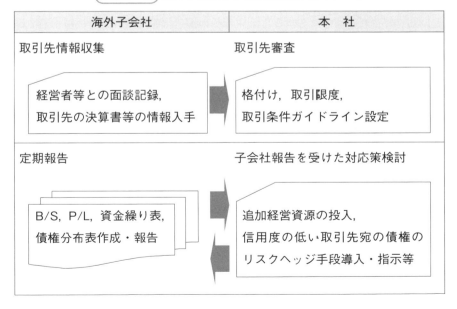

図表1-5　海外子会社と本社の役割分担のイメージ

い場合，そのマーケットの成長余地は大きい可能性がある。こうした海外子会社には営業強化のために追加の人材投入や販促キャンペーンを展開してもよい。

　信用度の低い企業が多い場合には，リスクヘッジ手段を導入するよう指示を出す，支払期間の短縮を指示する等のアクションを取ることで，海外子会社の債権を不良債権化する前に安全なものにしていくことができる。

4 日本と海外の商慣習の違いと共通点

（1）日本と海外の商慣習の違い

　日本の治安は良好で電車は時間どおりに走る。治安のよさや電車の正確性は，諸外国からも称賛されるところである。これが商慣習にも表れている。

　日本企業は支払うべき債務はごまかすこともなく，何とかして期日以前に支払おうとする。その結果，多少長い支払期間を許容しても「安全に」支払を受けることができる。期日には確実に全額の支払がなされる。多くの企業は，確実に期日に支払がなされるように，銀行への振込依頼は前日までに済ませている。

　このような日本の商慣習は，残念ながらグローバルスタンダードではない。日本の商慣習をそのまま海外に持ち込むのは，次のような理由から危険である。

① 期日に対する考え方

　日本では支払期日に代金を支払うのは当然で，1日でも遅れようものなら，謝罪する。海外は欧米であれ，アジアであれ，そこまで期日を遵守することに責任感を持っていない。ひどい会社だと，督促が来るまで払わないところもあるくらいだ。

　さらにアジアで問題なのは，金利稼ぎの支払遅延が見受けられることだ。アジアではインドが代表的だが，金利が高い国が多い。期日よりも支払を遅らせることができれば，その分だけ資金の運用ができる。または借入れを減らすこ

とができる。仮に金利が５％だとしよう。10百万円の支払を１ヵ月遅らせることに成功すれば，４万円強稼げてしまう。アジアの新興国ではワーカーの１〜２ヵ月分の給与が出てしまうような金額だ。このため「少しでも支払遅延をするのが現地支払担当者の手腕である」と公言している企業すらある。

② **手形・小切手制度**

手形は日本では二度の不渡りで取引停止処分と事実上の倒産につながるため，日本企業は社長の個人資産を処分してでも手形決済をしようとする。こうした手形の取引停止処分がある国はあまり多くなく，手形期日に支払をしなくても罰金や銀行手数料だけで済んでしまうような国もある（ただ，アジア地域では，手形・小切手で不渡りを出した企業についてブラックリストを作成し金融機関で共有する国が増えており，相応の罰則になりつつある。詳細は**第４章**を参照）。

このため海外では手形はあまり流通していない。余談だが，外資系企業が日本に進出してきて驚くのが，手形の多さである。親会社から見ると，日本子会社の決算書に多額の受取手形があるのが不気味で，「すぐに銀行やファクタリング会社に売却（手形の振出人が不払いでも資金返金を求められない形で）せよ」と指示しているところもあった。

海外でよく利用されるのが小切手である。小切手なら，すぐに支払を受けることができ，不渡りならすぐに請求に行ける。小切手が流通している国というと真っ先に米国が頭に浮かぶが，アジアでは主流の決済手段の１つになっている。

③ **担当者**

日本は終身雇用の会社も多く，取引先の担当者は比較的変わらない。担当者は職務に忠実で確実に支払うことに細心の注意を払い，請求書が届いていない場合には自社に請求書の送付を督促することもある。

海外では転職することが当たり前で，会社を渡り歩いてスキルを磨くという

面がある。目の前にある請求書に対してのみ機械的に支払事務を行い、「前の担当者が溜めていた請求書のことは知らない」と主張されることは充分にありうる。

こうした商慣習の違いを考慮しない、またはおざなりにしておくと痛い目に遭ってしまう。

まず、取引条件を決める際に日本の慣習で、たとえば「売掛金の支払期間を60日まで、または手形取引なら90日までOK」と提案してしまう。通常、海外での支払期間は多くの国で30日程度なので、取引先にとってみると、普段より30日以上支払が猶予される。

特に問題なのは、海外の取引先から「支払条件に緩い会社だ」と捉えられることである。**支払条件に緩い会社だと思われると、そもそも支払が3〜5日程度遅れるのが許容範囲となっている海外で、取引先は図に乗ってくる可能性が**

図表1-6 日本と海外の商慣習の違い

項　目	日　本	海　外
期日に対する考え方	■正確で遅延は許されない。電車の正確性にも現れる国民性	■3〜5日遅れるのは当たり前。（ひどい会社だと）督促が来るまでは払わない方針 ■新興国は金利も高く、支払を遅らせるほど、金利を稼げる。 →支払を遅らせるのが経理の仕事という会社も。
手形・小切手制度	■手形や小切手で不渡りを起こすことは大変な罰則 ■二度の不渡りで取引停止処分に	■罰則は日本に比べると軽く、手形は信用されない。 ■よく使われるのは、結果がすぐにわかる小切手
担当者	■終身雇用の会社もあり、担当者は比較的代わらない。	■転職するのが一般的、担当者も頻繁に代わる。 ■古くなった債権は「そんな取引は知らない、証拠を出せ」と主張される。

ある。特に金利を稼ごうとしている支払担当者は支払をさらに10日, 20日と遅らせていく。

さらに, 支払担当者は頻繁に代わる。督促の電話を入れると「前の担当者の不払債務の情報は引き継いでいない。そうした債務があることを証明してくれ」と理不尽な時間稼ぎをされる。

海外子会社にとってさらなる問題は, 支払遅延が常態化してくると, それに慣れてしまうことだ。「いつもの支払遅延か」と思って放置していると, 実は取引先の資金繰りが困窮しており, ある日取引先が倒産, 夜逃げされていたといったことが起こりかねない。

日本は治安のよさと同様に, 商慣習においても恵まれた国であることをよく認識して海外で取引をしていかないと, 事故に巻き込まれ, 支払遅延債権や回収不能債権の山になってしまう。

(2) 共通点

では, 日本と海外の商慣習の共通点はまったくないのだろうか？　**商取引は人が行うものであり, 根底のところは変わらないものだ。**

①　決算書

どこの国でも会社法があるし, 利益に対して法人税が課せられる。徴税のためには決算書が必要で, 会社には作成義務が課せられている。決算書の基本的な構造は同じで, 多少存在する違いも世界的な国際会計基準の浸透でなくなりつつある。決算書で見るべきポイントも日本とそう大きくは変わらない（詳細は**第2章3**参照）。

②　支払の態度

日本は期日どおり支払うのが普通で, 海外は数日程度支払が遅れても許されるという慣習上の違いはあるが, **支払遅延が1ヵ月を超えるような取引先は資金繰りに問題がある**という点は共通している。

③　危険な兆候

　会社の危険な兆候も根底は変わらない。**経営者が不誠実であったり熱意がない会社は破綻しやすく，共通の危険な兆候が現れる**（p.56および58コラム参照）。

（3）対　策

　それでは，日本と海外との商慣習の違いや共通点を踏まえて，どのような対策を取ればよいのだろうか？　対策を3つ挙げてみる。

①　支払遅延対策

　数日の遅延は取引先の事務上の遅延や，新興国の場合には銀行の処理も遅延しがちなので，深刻な問題ではないが，1ヵ月以上遅れた場合は資金繰りに窮している可能性が高い。すぐに電話で督促するなど状況を把握する必要がある。また，毎回数日支払が遅れるような取引先には甘く見られている可能性があり，支払遅延が常態化していく。こうした取引先には厳しく当たる必要があり，期日前から債務の確認の電話をし，支払を確実にしておきたい。

②　決済手段

　手形取引は安易に持ち掛けてはならない。長めの支払期間も同様だ。取引先は単に支払期間が猶予されて，これ幸いと思うだけだ。手形不渡りの罰則も緩いので，期日を起点に多少の遅延も許されると考える。**通常の決済手段は小切手か送金とし，支払期間も海外で一般的な30日程度とする**（それでも実際の回収には40日程度掛かってしまうものだ）。

　なお，手形取引を許容してもよいケースがある。それは銀行の支払保証が付いている手形だ。さすがに銀行は期日どおりに支払う国が多い（南アジアでは例外あり）。代表的なのはL/C（Letter of Credit：信用状）付きの手形と中国の銀行引受手形である。ともに銀行が取引先に代わって支払を行うため，安全性が高い。もちろん，信頼に足る銀行がL/C発行や手形の引受けをすることが大前提となる。

③　督　促

　海外では担当者の交代も頻繁で，取引先の状況に応じ督促はタイムリーかつ頻繁に行う必要がある。日本のように待っているだけでは回収できない。督促をしなければならないことを前提に，日本からの輸出ではなく（相手の状況がわかり督促しやすい）海外子会社からの販売に切り替えたほうが有効な場合もある。

　輸出取引の場合には，有効な督促手段がある。それはL/Cを入手することだ。

　L/Cさえ入手できれば，代金はL/C発行銀行が取り立ててくれる。取引先は銀行との関係を悪化させたくないため，優先的に支払に応じる。

（図表1-7）海外の商慣習を踏まえた対策

対策1	■数日の遅れはよいが，1ヵ月以上遅れる場合はただちに督促する。 ■遅れが目立つ会社は，期日前から確認の電話を入れる。
対策2	■原則，手形取引はしない（中国の銀行保証付手形，L/C付手形を除く）。
対策3	■督促しやすいように，自社の海外拠点から販売する。 ■貿易は銀行を挟む。L/C取引とする。

コラム　海外債権管理で海外子会社の資金繰りも改善

「海外子会社の資金繰りが読めない。突然，子会社が資金ショートしたので，金を送ってくれと懇願してくる」

こんな悩みを抱えている本社の経理部署や海外統括部署の方は，意外に多いのではないだろうか？

海外では代金が期日どおりに入金されることは少ない。海外子会社の売上が好調でも売上代金がしっかり回収できなければ，資金はどんどん減少していく。海外子会社も代金入金が期日どおりに来ないことを見越して，多少のバッファ的な資金を持つようにしているが，取引先からの入金が想定以上に遅れると，資金がショートする。ここで，親会社に至急送金をしてくれと依頼が来る。

この際，欧米先進国なら比較的自由に資金のやり取りができるのだが，アジア諸国では親子ローンの実行手続にも時間が掛かることが多い。仕方がないので，立替金のような形でとりあえず送金を行うと，立替金の返金手続が複雑で資金が返ってこない。

資金繰りが狂う要因は想定以上にモノが売れない，生産が滞った等いろいろあるが，取引先からの支払遅延も主要な要因になる。

海外債権管理をしっかりしていれば，この問題はかなり解決可能だ。

① まず，信用度の高い取引先と低い取引先の見極めができている。そして，信用度の低い取引先は事前に十分に注意し督促等の手を打っておくことが可能だ。

② 「信用度の低い取引先には前金やリスクヘッジ付きの取引をする」というルールが徹底できていれば，代金は事前に回収できているか，リスクヘッジ付き，たとえばL/C取引であれば取引先に代わって銀行が期日どおりに代金を払ってくれるはずだ。

③　一方，信用度の高い取引先向けの売掛債権は，銀行やファクター
　　会社に売却することで，期日前に資金が回収できる。

　米国企業の多くは，DSO（Days Sales Outstanding：売掛債権回転日数）
を経営指標に掲げ，売掛金の早期回収を進めることで資金繰り改善を図っ
ている。日頃から取引先からの代金回収の早期化交渉や売掛債権の売却を
意識した経営をしているわけだ。

　信用度の分析からそれに基づく対応――一連の債権管理を行うことで，本
社担当者の悩みの1つが自然に解決できるかもしれない。

第2章

海外企業の
債権管理／与信管理

1　ビジネスの流れと債権管理

　債権管理は，営業開始から代金回収までついて回る。売掛金が回収できるかどうかは最初が肝心で，回収不能が明確になってからでは手遅れになっていることが多い。

　なぜなら，普通の商取引ではよほどのことがない限り，担保を取ることはない。一方で，回収不能を起こすような取引先は多額の借入れをしていることが多く，銀行にそれに見合う担保設定をされている。この状態でその取引先が倒産するとどうなるだろうか？　取引先のなけなしの資産は，銀行で担保処分され借入返済に回り，何も残らない。結局，自社が債権回収のために法的手段に訴えたところで，それに要する時間と費用がかさむだけで，回収できる資金はほとんど残っていないという状況になりやすいのだ。

　最初にしっかりと与信判断をして，危険な取引先に対しては売掛債権を許容しないか，リスクヘッジ付きで取引をする。これが回収不能を防ぐ近道になる。

　ビジネスの流れに沿って，どのように債権管理をすべきか，見ていこう。

（1）取引先からの引き合い

　取引先の信用度を測るために，決算情報や登記情報等の基礎的な情報を収集する。併せて，営業担当者が取引先と交渉や面談をする過程で把握した定性情報も整理する。この際に，収集する定性情報に漏れがないように，事前にヒアリングすべき項目を定め，営業担当者に周知徹底しておく。

　こうした情報をもとに，その取引先に格付けを付与する。

　なお，格付けは1年に1回見直す。その準備として再度取引先情報を収集し直す。**日頃の取引から得られる情報（経営者の姿勢や会社の雰囲気等）も蓄積しておき，反映させる。**さらに，1ヵ月以上の支払遅延があれば臨時に格付けを見直し，格付けに反映させる。

（２）取引条件交渉から契約まで

　格付けごとに定めた取引条件，取引限度を設定しておき，これをベースに取引先と交渉をする。

　交渉がまとまれば，そのまま契約を締結する。**交渉がまとまらない場合，すなわち取引限度を超過する場合や取引条件が合わない場合には，リスクヘッジ手段の導入を検討する**。リスクヘッジ手段が導入できれば，契約する。

　また，１年に１回または臨時に格付けを見直した場合には，取引条件や取引限度も見直す。

（３）入金管理

　日本国内でも債務が認識されていなければ，代金は支払われない。さらに，海外では請求書（インボイス）が発行されていなければ，債務は認識されない。**"インボイスを確実かつ正確に出す"**，これが最初の重要なステップになる。

　大口の債権がある取引先には，取引残高明細書（Statement of Account）を送付し，取引先が当方宛ての債務をきちんと認識しているかどうかを確認しておく（詳細は**第５章**を参照）。

　次は期日に入金にならなかった債権について，フォローすることだ。特に信用度の低い取引先については早めかつ頻繁に督促を行う。

　もし１ヵ月以上の支払遅延が発生した場合は，「このまま支払がなされなければ出荷停止や法的措置を行う」旨の督促状を送付する。加えて，取引先のマ

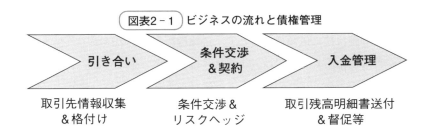

図表２-１　ビジネスの流れと債権管理

ネジメントに直接連絡する等，強めの回収交渉を開始する。

2 海外企業の信用情報入手方法 （信用調査会社と当局データの活用）

　海外企業の信用情報は2種類ある。1つが登記情報，もう1つが決算情報だ。ともに重要な情報で，登記情報は取引先が法的に存続しているのか，株主が誰か，取締役が誰か，業務内容が何かといった基本情報がわかる。決算情報が入手できれば，企業の信用度がかなり明確にわかる。

　登記情報については大半の国の当局サイトで入手可能だ。決算情報も上場会社なら入手できるのは当然だが，非上場会社の場合は地域でばらつきがある。米州等まったく取得できない地域もあるが，**アジアや欧州では多くの国の当局サイトで非上場会社の決算書の入手が可能だ。**中国等，当局サイトでは決算書があまり取れない国でも，信用調査会社を活用することで入手率が高まる国もある。地域ごとに登記情報および非上場会社の決算情報の入手可能性を見ていくことにしよう。

（1）東アジア

　香港以外は信用調査会社経由で決算書がかなり入手できる。なかでも**韓国は金融監督院の電子公示サイトを閲覧することで，多くの非公開会社の決算情報（主要決算項目）を無料で入手することができる。**

　中国は国家市場監督管理総局のサイトでさまざまな企業登記の情報等が取れるものの，決算書は開示を任意とされているため，ほとんど入手できない。**ただし，信用調査会社に依頼することで，決算書はかなりの確率で入手できる。**

　台湾，香港の当局サイトでは，決算書はほとんど入手できないものの，基本的な企業登記の情報（住所・代表者・設立日・業務内容等）は無料で取得できる。

第2章　海外企業の債権管理／与信管理　　23

図表2－2　東アジア諸国の非上場会社決算書等の入手可能性

国　名	信用調査会社	当局サイト	当局サイトで入手可能な情報	
中国	高	低	決算書＆登記内容	国家市場監督管理総局 決算書は大半が非開示
韓国	高	高	決算書	金融監督院　電子公示サイト（DART）
			登記内容	大法院
台湾	中	なし	登記内容	経済部商業司 「商工登記公示資料査詢服務」
香港	低	なし	登記内容	公司註冊處綜合資訊系統（ICRIS）

Q2－1　中国企業の情報を集めるには？

　中国企業の情報収集には中国国家市場監督管理総局のウェブサイトが便利だ。決算情報こそ，あまり入手できないが，企業の業務内容や株主，取締役等の基本的な情報に加え，行政処罰をはじめとする当局が入力する情報が記載されている。

　中国企業の場合，経営期限が切れていたり経営範囲から逸脱した企業と取引をすると，取引そのものが無効とみなされ，代金が支払われないリスクがある。**こうした基本情報は，以前は取引先から営業許可証を見せてもらわないと入手できなかったが，現在はこのウェブサイトから無料で確認ができる。**なお，サイトは中国語版しかない。

①　中国国家市場監督管理総局ウェブサイトの利用方法

　中国企業の情報が掲載されているのは，この中の国家企業信用信息公示系統のサイトだ。

　本サイトの入力欄に中文の企業名を入力することで，さまざまな情報が入手できる。定期的にサイトは変更されており，時には簡単な質問（足し算や熟語

図表2－3 中国国家市場監督管理総局の国家企業信用信息公示系統のウェブサイト

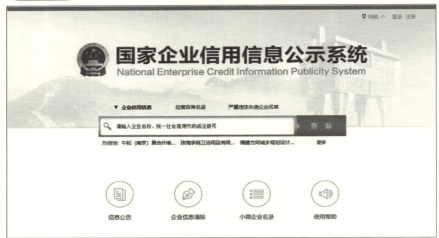

（出所：中国国家市場監督管理総局　国家企業信用信息公示系統ウェブサイト　http://www.gsxt.gov.cn）

作成，パズル等）に答えないと先に進めないこともある。ただ，正解できるまで何回もチャレンジすることが可能なので，焦らず質問に答えてゆけばよい。

② **入手できる情報**

　前述のとおり，さまざまな情報が入手できるが，**特に行政処分や経営異常・厳重違法，行政処罰等の記載があった場合には，要注意だ**。なお，経営異常は単に決算書の提出が遅延しているだけということもあるため，事情を調べる必要がある。また，経営期限が切れていないか，取引する物やサービスが経営範囲に含まれているか，検査があった場合その結果はどうだったか等も精査すべきである。出資関係や代表者，主要役員もよく見ておきたい。さらに取引先が提出してくる資料と齟齬がある場合には，詐欺の可能性がある。

　なお，主要財務項目は任意開示となっているため，大半の企業が掲載していないのが実情で，別途信用調査会社から入手する必要がある。

第2章　海外企業の債権管理／与信管理　　25

（図表2-4）**中国国家市場監督管理総局ウェブサイトで入手できる情報**

登記情報
・企業名称
・企業形態
・法定代表者
・登録資本
・設立年月日
・住所
・経営期限
・経営範囲
・登記状態（存続しているか）
・株主
・主要役員
・分公司名（支店名）
・動産抵当・差押え（ある場合）
・行政処分（ある場合）
・経営異常・厳重違法の記載（情報公示期限超過，虚偽情報掲載の場合に登録される）
・抽出検査結果（検査があった場合）
企業による報告情報
■年度報告で開示必須の情報
・連絡先住所，電話番号，郵便番号，メールアドレス
・開業，営業停止，清算等の存続状態情報
・従業員数
・株主または発起人の引受・払込出資額，出資時期，出資方式，持分変更
・他社への出資状況，株式買取り
・ウェブサイト，オンライン店舗の有無

- ■ 年度報告で開示・非開示選択ができる情報
  - 従業員数
  - 主要財務項目（総資産・株主資本・売上・税前利益・純利益・納税額・総負債）
  - 保証・担保差入状況
- ■ 年度報告と別に即時公示が必要な情報
  - 株主または発起人の引受・払込出資額，出資時期，出資方式，持分変更
  - 行政許可取得，変更，継続
  - 知的財産権の質権設定
  - 行政処罰
  - その他法により公示が必要な情報

その他部門の開示情報

- 行政許可の取得，変更，延長
- 行政処罰
- その他法により公示が必要な情報

Q2-2 | 韓国企業の情報を集めるには？ —————————

　韓国では直前の事業年度の総資産が120億ウォン以上の株式会社および上場会社の決算情報は，金融監督院の電子公示サイトであるDARTに開示される。

① 決算情報掲載サイト――DARTについて

　DARTには英語版と韓国語版があるが，英語版には上場企業しか掲載されていない。このため，**非上場企業について調査するには韓国語版を利用する必要がある。**

　ハングル表記の会社名を入力すると，**図表2-6**のような情報が無料で入手できる。

　他の国に比べると，かなり詳細な情報が掲載されている。**図表2-6**は1期

分の例だが，実際の決算情報は直近2期分を比較する形で表記されている。

図表2-5 韓国金融監督院　DARTのウェブサイト

(出所：韓国金融監督院　http://dart.fss.or.kr/)

図表2-6 DARTで入手できる決算情報例

決算期	
連絡先	
貸借対照表	
流動資産	流動負債
現金および同等物	買掛金
売掛金	預り金
前払費用	1年以内の長期借入金
短期貸付金	短期借入金
棚卸資産	前受金
固定資産	固定負債
工場設備	長期借入金
その他固定資産	純資産
	資本金
	利益剰余金
損益計算書	
売上高	
売上原価	

```
売上総利益
販売管理費
営業利益
営業外損益
受取利息
支払利息
税引前当期純利益
当期純利益
```

② **登記情報**

　残念ながら，DARTには登記情報は掲載されていないため，大法院のウェブサイト（http://www.iros.go.kr）で確認する必要がある。こちらは有料サービスになっている。

　会社名，住所，資本金，業務内容，代表者といった基本的な情報が入手できる。

Q2-3　台湾・香港企業の情報を集めるには？

　台湾・香港の当局ウェブサイトでは，決算情報を入手することはできない。ただ，登記情報は入手できる。

① **台　湾**

　登記情報は経済部商業司の商工登記公示資料照会のウェブサイトから無料で入手することができる。台湾企業の検索は中国語名で行う。ちなみに，台湾に進出している外資系企業は英語表記にして英文で検索したほうが容易だ。

第2章　海外企業の債権管理／与信管理　29

図表2-7　台湾経済部商業司　商工登記公示資料照会のウェブサイト

（出所：台湾経済部商業司　https://findbiz.nat.gov.tw/fts/query/QueryBar/queryInit.do）

図表2-8　台湾商工登記公示資料照会で入手できる主な登記情報

【基本情報】
・登記番号
・会社名
・資本金
・代表者
・住所
・設立年月日
・経営範囲
【代表者の持株数】
【支店の情報】
【財政部財政資訊中心や経済部国際貿易局の情報】
・税務支払状況
・貿易相手概要
（情報がある場合のみ）

② 香 港

　登記情報は登記局である公司註冊處綜合資訊系統（ICRIS）のウェブサイトから無料で入手できる。画面上はユーザー登録をするか否かを選択するようになっているが，登録しないほう（Unregistered User）のボタンをクリックしても企業検索画面に入ることができ，情報は取れる。

図表2-9　香港公司註冊處綜合資訊系統（ICRIS）のウェブサイト

（出所：香港公司註冊處綜合資訊系統（ICRIS）https://www.icris.cr.gov.hk）

　入手できる情報は，登記番号・会社名・会社形態・設立日・存続状況・担保登記の有無・社名変更推移等で，さらにより詳細な登記情報である年次報告書も有料（数千円）で入手できる。
　年次報告書には次のような記載がなされている。
- 年次報告書の更新年月日
- 株主（住所，保有株数等の情報）
- 取締役（住所等の情報）
- 会社秘書役

- 抵当登記額
- 株式明細（普通株・優先株の株式数）

（2）東南アジアおよびインド

インドネシア以外の決算書はかなり入手できる。**タイ，マレーシア，シンガ
ポール，フィリピン，インドの当局サイトでは非上場会社でも決算書の入手が
可能だ。**ベトナムも信用調査会社に依頼すれば，決算情報が比較的入手できる。

登記情報は，インドネシアでも当局サイトで入手できる。ミャンマー，カン
ボジアも登記情報は入手可能な模様だ。

図表2-10 東南アジア諸国およびインドの非上場会社決算書等の入手可能性

国　名	信用調査会社	当局サイト	当局サイトで入手可能な情報	
タイ	高	高	決算書 ＆ 登記内容	商務省事業開発局（DBD）
マレーシア	高	高	決算書 ＆ 登記内容	マレーシア企業委員会（SSM）
シンガポール	高	高	決算書 ＆ 登記内容	会計企業規制庁（ACRA）
フィリピン	高	高	決算書 ＆ 登記内容	証券取引委員会（SEC）
ベトナム	中	なし	登記内容	National Business Registration
インドネシア	低	なし	登記内容	法務人権省（DITJEN AHU）
インド	高	高	決算書 ＆ 登記内容	企業省（MCA）

Q2-4　タイ企業の情報を集めるには？

　タイでは会社法で，非公開会社の場合であっても年に一度，年次報告書を作成し，株主総会による承認を受けた後1ヵ月以内に商務省商業登記局または各県の商業登記事務所に提出しなければならない旨が，規定されている。
　商務省（DBD）は年次報告書の概要をウェブサイトに無料で公表している。**タイ語表記ではあるが，決算概要，登記情報ともに掲載されており，便利だ。**

①　タイDBDウェブサイトの利用方法

　情報入手にあたっては図表2-11の登録画面でまず，氏名，住所のほか，タイ居住者番号かパスポート番号の入力を行う。タイ語表記であるため，本ウェブサイトからの情報は，タイの拠点や提携先に取ってもらったほうが容易である。

図表2-11　タイDBD　ログインおよび企業検索画面

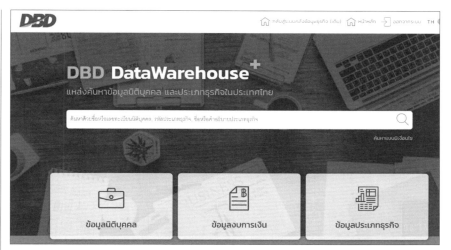

左の鞄の図をクリックすると登記情報，真ん中の書類の図をクリックすると，決算情報が入手できる。

(出所：タイ商務省（DBD） http://datawarehouse.dbd.go.th)

② 入手できる登記情報および決算情報

まず，登記情報だが，次のような情報が入手できる。

企業名称，企業登録番号，法的ステータス，登記日，登録資本金，住所，事業種別，事業目的，取締役名簿　等

決算情報も次の図表2-12のように主要な情報が掲載されている。

図表2-12 タイDBDのウェブサイトで入手できる決算情報

貸借対照表
売掛金
棚卸資産
流動資産合計
有形固定資産
固定資産合計
総資産
流動負債合計
固定負債合計
負債合計
株主資本
負債及び株主資本合計
損益計算書
総売上
売上原価
販売費及び一般管理費
総費用
支払利息
税引前当期純利益
所得税
当期純利益

Q2-5 マレーシア企業の情報を集めるには？

　マレーシアでは，原則すべての会社が，マレーシア企業委員会（CCM）に監査済財務諸表を含む年次報告書を年次株主総会から1ヵ月以内に届け出る義務がある（ただし，20名以下の個人株主のみから構成される非公開会社の場合には，所定の手続を経ることで年次報告書の届出義務が免除される）。

こうした背景から，**大半のマレーシア企業の登記情報および決算情報は，CCMのウェブサイトで入手できる。**英語表記で利用しやすい。情報料はそれほど高くないが有料で，サイト内に料金表が明示されている。なお，CCMはマレー語ではSSMとなるため，ウェブサイトの名称もSSMになっている。

① マレーシア企業委員会（CCM）ウェブサイトの利用方法

ウェブサイトのRegisterのボタンをクリックすると登録画面が現れるので，氏名やメールアドレス，決済口座またはクレジットカード番号等の情報を入力する。このため，情報の入手はマレーシアの拠点や提携先を利用したほうが容易である。

② 入手できる登記情報および決算情報

登記情報は企業名称，設立日，番号，住所，株主，取締役，業務内容，担保差入状況等が入手できる。

図表2-13 マレーシア企業委員会（CCM）ウェブサイト利用者登録画面

（出所：マレーシア企業委員会（CCM）　https://www.ssm-einfo.my/#）

決算情報は，最大10期分のB/SおよびP/Lの主要部分の入手が可能だ。

登記情報は500円弱，２期分の決算書は約700円（10年分は約3,500円）で入手できる。

図表2－14　マレーシア企業委員会（CCM）決算情報サンプルおよび項目

KEY FINANCIAL INFORMATION

2 / 2

Company Name : FANTASY ISLAND RESORTS SDN.BHD.
Company Number : 112529-K
Auditor : YUEN TANG & CO (AF0003)
Auditor Address : 301 BANGUNAN LEE YAN LIAN, JALAN TUN PERAK, 50050, KUALA LUMPUR, WILAYAH PERSEKUTUAN
Exempt Private Company (Y/N) : N

Financial Year End	: 30-06-2015	30-06-2014	30-06-2013	30-06-2012	30-06-2011
Unqualified Reports (Y/N)	: Y	Y	Y	Y	Y
Consolidated Accounts (Y/N)	: N	N	N	N	N
Date of Tabling	: 31-12-2015	16-12-2014	04-12-2013	31-12-2012	31-12-2011
BALANCE SHEET ITEMS					
Non-Current Assets :	0.00	0.00	0.00	0.00	0.00
Current Assets :	2.00	2.00	2.00	2.00	2.00
Non-Current Liabilities :	0.00	0.00	0.00	0.00	0.00
Current Liabilities :	31,897.00	30,143.00	28,399.00	26,647.00	25,005.00
Share Capital :	2.00	2.00	2.00	2.00	2.00
Reserves :	-31,897.00	-30,143.00	-28,399.00	-26,647.00	-25,005.00
Minority Interests :	0.00	0.00	0.00	0.00	0.00
INCOME STATEMENT ITEMS					
Revenue :	0.00	0.00	0.00	0.00	0.00
Profit/(Loss) before Tax :	-1,754.00	-1,744.00	-1,752.00	0.00	0.00
Profit/(Loss) after Tax :	-1,754.00	-1,744.00	-1,752.00	-1,642.00	-1,917.00
Net dividend :	0.00	0.00	0.00	0.00	0.00
Minority Interests :	0.00	0.00	0.00	0.00	0.00

END OF REPORT

This information are from the company's document registered as at 22-03-2017
This is computer generated document . No signature is required.
UserID: test02　Date: Wed Mar 22 11:03:20 +08 2017　Printing Date: 22-03-2017
This company information is generated from SSM e-Info Services. This information is as at 21-03-2017
MENARA SSM@SENTRAL, NO. 7 JALAN STESEN SENTRAL 5, KUALA LUMPUR SENTRAL, 50470 KUALA LUMPUR.
Tel: 03-2299 4400　Fax: 03-2299 4411

貸借対照表
固定資産
流動資産
固定負債
流動負債
株式資本
準備金
少数株主持分

損益計算書
売上高
税引前当期純利益
当期純利益
ネット配当
少数株主持分

（出所：マレーシア企業委員会（CCM），貸借対照表・損益計算書項目訳は筆者作成）

Q2-6　シンガポール企業の情報を集めるには？

　シンガポールでは，原則すべての会社が定時株主総会の日から30日以内に決算書等を会計企業規制庁（ACRA）に提出する義務がある（ただし，株式会社のうち株式譲渡制限が定款で規定され，かつ株主数が50名以下である会社は，プライベートカンパニー（非公開会社）とされる。プライベートカンパニーのうち，株主がすべて自然人でかつ株主数が20名以下である会社は公開を免除される）。

　シンガポール居住者であれば，ACRAのウェブサイトにアクセスすることで，登記情報も決算情報も入手できる。このため，情報の入手はシンガポールの拠点や提携先を利用しなければならない。

①　シンガポール会計企業規制庁（ACRA）ウェブサイトの利用方法

　会社情報をまとめているBizfileというページがあるので，そこから情報を入手する（**図表2-15参照**）。

　右上のSEARCH FOR BUSINESS ENTITYの欄に調査したい会社名を入れると，対象企業が検出されるので，次のようなワードで登記情報や決算情報を購入のカートに入れる。

- 登記情報：Business Profile
- 決算情報：Corporate Compliance & Financial Reports

図表2-15 シンガポール会計企業規制庁（ACRA）ウェブサイト

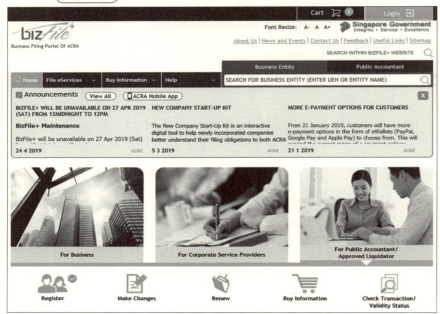

（出所：シンガポール会計企業庁（ACRA）　https://www.bizfile.gov.sg/）

　あとは，シンガポール居住者に発行されるSingpassのコードを入力し，購入手続に入る。

② 入手できる登記情報および決算情報
　登記情報は企業名称，法人登記番号，事業内容，設立日，資本金，住所，株主，取締役名等が入手できる。
　決算書については次のような項目が2期分併記されている。
　情報の入手コストについては，登記情報いくら，決算情報いくらと明記されている。それぞれ数千円程度で，他のアジア諸国に比べると高い。

図表2-16 シンガポールACRA決算情報項目

貸借対照表
総資産
流動資産
総負債
流動負債
利益剰余金
株主資本
損益計算書
売上高
継続事業の税引前当期純利益
継続事業の当期純利益
非継続事業の当期純利益
営業利益（EBIT）
キャッシュフロー計算書
営業キャッシュフロー
投資キャッシュフロー
財務キャッシュフロー
財務比率
当座比率
売上高営業利益率
ROA
ROE
総負債/総資産
総資産回転率
インタレストカバレッジレシオ
監査法人意見
監査法人名

Q2-7 フィリピン企業の情報を集めるには？

フィリピンでは，小規模の企業を除き，非公開会社でも会社法で登記情報や決算情報を証券取引委員会（SEC）に提出することが定められている。資本金が5万ペソ（10万円程度）以上の会社は，決算日後120日以内に監査済財務諸表を証券取引委員会に提出する義務がある。

証券取引委員会はこのデータをSEC i-viewという名前のウェブサイトに掲載している。閲覧および印刷は有料だが，数百円で利用できる。支払は現地銀行口座引き落とし，現地電子決済（G-Cash）等でなされる。

図表2-17 フィリピン証券取引委員会（SEC）ウェブサイト

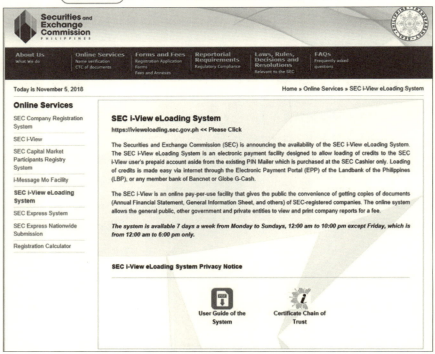

（出所：フィリピン証券取引委員会（SEC）　http://www.sec.gov.ph/online-services/sec-iview-online-loading-system/）

Q2-8　ベトナム・インドネシア企業の情報を集めるには？

　ベトナム・インドネシアの当局ウェブサイトでは，決算情報は入手できないが，登記情報は入手できる。

① ベトナム

　登記情報は国家企業登記情報ポータル（National Business Registration）で入手できる（図表2-18）。サイトの右上にある検索欄に会社名を入れ，SEARCHボタンをクリックすると企業の概要情報が表示される。

図表2-18　ベトナムNational Business Registrationのウェブサイト

（出所：ベトナムNational Business Registration　https://dichvuthongtin.dkkd.gov.vn/inf/default.aspx）

このサイトより，会社名・企業の存続状況・登記番号・法人形態・設立日・代表者名・住所・印鑑・業務内容の情報が無料で入手できる。言語も英語・ベトナム語の選択が可能だ。

② **インドネシア**

登記情報は法務人権省のウェブサイトから，有料で入手できる。言語はインドネシア語で，有料かつ現地語と相対的に取得の難易度が高い。

① ウェブサイトの真ん中上のPencarian/Unduh Data（データ検索/ダウンロード）ボタンをクリックする（**図表2-19**）。

② 表示された画面に調査したい会社名を入力し，ロボットでないことのチェックボタンをクリックし簡単な質問に答える。なお，質問が出ないこともあり，この場合はそのまま入る。最後に下の黒いCari（検索）ボタン（画面上は少ししか見えない）をクリックする（**図表2-20**）。

③ 検索結果が表示されるので，右の（古い情報を含む）すべての登記情報（profil lengkap）か左の直近の登記情報（profil terakhir）かを選択し，購入手続に入る（**図表2-21**）。

第2章 海外企業の債権管理／与信管理　43

図表2-19　インドネシア法務人権省National Business Registration初期画面

（出所：インドネシア法務人権省　https://ahu.go.id/）

図表2-20　インドネシア法務人権省National Business Registration検索画面

この黒い部分をクリック

（出所：インドネシア法務人権省）

figure2-21 インドネシア法務人権省National Business Registration検索結果画面

すべての登記情報（profil lengkap）か直近の登記情報（profil terakhir）かを選択するボタン→購入手続に移行

（出所：インドネシア法務人権省）

Q2-9　インド企業の情報を集めるには？

　インドでは，小規模企業，休眠会社，1名の個人株主の会社，設立したばかりの会社を除いて，すべての会社が決算日から7ヵ月以内にインド企業省（MCA）傘下の企業登記局（Registrar of Companies）への決算書の提出が義務付けられている。**提出された決算書はインド企業省（MCA）のウェブサイトで公開されている。**

① インド企業省（MCA）ウェブサイトの利用方法

　View Public Documentsで調査したい会社名を入れ，Submitをクリックすると，その企業の情報選択画面に入ることができる。ここでAnnual Return and Balance Sheet eFormsを選択，提出年を選択することで，決算書を購入できる（図表2-22）。

第2章 海外企業の債権管理／与信管理　45

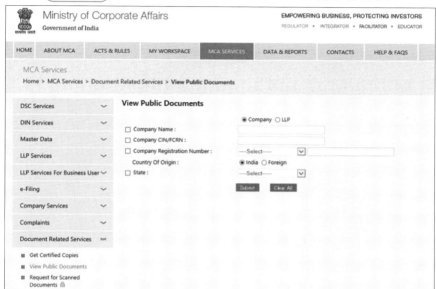

図表2-22 インド企業省（MCA）ウェブサイト　決算情報入手画面

（出所：インド企業省（MCA）　http://www.mca.gov.in/mcafoportal/viewPublicDocumentsFilter.do）

　登記情報も同じMCAのウェブサイトで入手可能だ。こちらは無料サービスであり，入り方が少しだけ異なる。Master Dataの中のView Company/LLP Master Dataをクリックする。調査したい会社名を入れ，表示されているアルファベットを入力，Submitボタンをクリックすると登記情報が入手できる（図表2-23）。

② 入手できる登記情報および決算情報

　登記情報は，会社名・授権資本・資本金・設立日・住所・直近の株主総会日・直近の決算日・会社の存続有無が記載されている。

　決算情報も数百円程度で，貸借対照表と損益計算書が入手できる。なお，数期間のデータを取得したい場合は，都度料金が掛かるので留意されたい。

| 図表2-23 | インド企業省（MCA）ウェブサイト　登記情報入手画面 |

（出所：インド企業省（MCA）　http://www.mca.gov.in/mcafoportal/viewCompanyMaster Data.do）

（3）欧州・ロシア・中東

　欧州は非上場会社でも決算書の公開義務が課されており，多くの当局サイトで決算情報および登記情報の入手が可能である。英国・ドイツ・ベルギーは無料で情報が取れ，それ以外でも多くの国で10ユーロも出せば，決算情報や登記情報といったウェブサイト上の情報サービスが1つは利用できる。例外的に，スイス企業の決算書は信用調査会社経由でもあまり入手できない状況にある。またロシアは当局サイトでの情報入手は難しいが，信用調査会社を利用すると，決算情報・登記情報ともに入手可能である。

　中東ではトルコをはじめとして，当局サイトからは決算書はほとんど入手できない。ただし，トルコは信用調査会社経由であれば，他の中東諸国に比べると比較的決算情報が入手できる。

第2章　海外企業の債権管理／与信管理　**47**

(図表2-24) 欧州諸国・ロシア・トルコの非上場会社決算書等の入手可能性

国　名	信用調査会社	当局サイト		当局サイトで入手可能な情報
英国	高	高	決算書＆登記内容	登記局　Companies House https://www.gov.uk/government/organisations/companies-house 小規模企業は貸借対照表のみ 無料サービス
ドイツ	高	高	決算書＆登記内容	電子連邦官報 https://www.bundesanzeiger.de 小規模企業は貸借対照表のみ 無料サービス
フランス	高	高	決算書＆登記内容	官報 https://www.infogreffe.fr/ 零細企業は開示義務なし 有料
オランダ	高	高	決算書＆登記内容	商工会議所 https://www.kvk.nl/english/ 小規模企業は貸借対照表のみ有料
ベルギー	高	高	決算書＆登記内容	Banque Carrefour des Entreprises https://economie.fgov.be/fr/themes/entreprises/banque-carrefour-des 企業名で検索後，下方の官報のリンクより入手 小規模企業は貸借対照表のみ 無料サービス
イタリア	高	高	決算書＆登記内容	登記局（Registroimprese） http://www.registroimprese.it/web/guest/home 有料

スペイン	高	高	決算書 & 登記内容	登記局 Registro Mercantil Central http://www.rmc.es/Home. aspx?lang=en 有料
スイス	低	なし	登記内容	Zefix https://www.zefix.ch/en/search/ entity/welcome
ロシア	高	困難	決算書 & 登記内容	連邦統計局（信用調査会社経由） Federal State Statistics Service
トルコ	中	なし	登記内容	登記内容のみ：官報

（4）北米・中南米

　北米，中南米の企業情報は当局サイトで登記内容こそ入手できるものの，非上場会社の決算書はほとんど入手できない。この傾向は信用調査会社でも同様である。

図表2－25 米州諸国の非上場会社決算書の入手可能性

国　名	信用調 査会社	当局 サイト		当局サイトで入手可能な情報
米国	低	なし	登記内容	各州の登記局 Secretary of State
カナダ	低	なし	登記内容	各州当局サイト
メキシコ	低	なし	登記内容 も困難	なし
ブラジル	低	低	決算書	官報 総資産2.4億レアル以上 または売上高3億レアル 以上の企業は開示義務あり

第2章　海外企業の債権管理／与信管理　**49**

　そこで北米では，古くからトレードレファレンスでの情報交換が発達してきた。トレードレファレンスとは，企業間で支払振りの情報交換を行う仕組みで，次のような手順で行う。

> ①　取引先に主要仕入先を3社程度挙げさせ，自社にその仕入先にヒアリングをすることを認める旨の署名をさせる（**図表2-26**の仕入先連絡先記入表を利用する）。
> ②　主要仕入先に連絡を取り，対象取引先について「期日どおりの入金になっているか，遅延している場合どの程度遅れているか，取引条件や取引限度はどう設定しているか」といった点についてヒアリングする。
> ③　このヒアリングを取引開始時だけでなく，定期的に行う。

　取引先の破綻の兆候の1つは支払が遅れることにある。支払遅延が目立つような取引先は信用リスクが大きい。**この点でトレードレファレンスから得られる取引先の支払状況の情報は有益である。**また，トレードレファレンスの副次的な効果として，こうした支払状況を社会全体で慣習的に監視することで，「支払遅延をすると会社の評判が落ちる，支払遅延をしてはマズい」と考えさせるメリットもある。実際にトレードレファレンスが社会に浸透している米国やカナダの取引先の支払遅延日数は短い傾向にある。

（図表2-26）トレードレファレンス　仕入先連絡先記入表

Trade Reference	
Company name:	
Address:	
Contact Person:	Phone No:
E-Mail or Fax No:	
Company name:	
Address:	

Contact Person:	Phone No:
E-Mail or Fax No:	
Company name:	
Address:	
Contact Person:	Phone No:
E-Mail or Fax No:	

　支払遅延が常態化しているような企業は，リスクが顕在化している状況にあり，取引停止の判断はできる。**ただ，たとえば支払遅延がない，または多少の支払遅延がたまに発生する取引先については，取引限度や取引条件をどう設定するか，その基準となる取引先の信用度判断をきめ細かく行うことができない。**このため，**米国企業も一定額以上の取引限度を設定する場合には，取引先に決算書の提出を求め，詳細な分析を行っている。**

　また，支払遅延の情報は重要ではあるが，与信管理の観点からすると，支払遅延は倒産前の最終局面で起きることに留意する必要がある。支払遅延は決算分析と違い，誰が見ても明確な危険な兆候である。このため，すぐに噂が広がる。取引先が一斉に債権の取立てに行き，誰も与信を許容しなくなる。こうして一気に倒産につながる。

　多くの倒産の場合，支払遅延に至る前には，まず単年度の赤字を出した後に，立ち直ることに失敗して連続赤字に陥るケースが多い。単年度赤字は景気後退等の環境要因でその後黒字化して立ち直るケースもあるが，連続赤字は企業の商品が売れなくなった等の本来の力が損なわれている兆候である。このため，連続赤字に陥った時点で，早期にリスクヘッジ手段の導入や売掛金の縮小を検討すべきである。**こうした情報は決算書がないとわからない。**取引先から定期的に決算書を入手することで，素早い対応をし，貸倒損失を縮小するように努めるべきである。

第2章　海外企業の債権管理／与信管理　51

図表2 - 27 支払遅延から倒産への過程

注意段階	単年度赤字	キャッシュフローやや悪化

警戒段階	連続赤字	キャッシュフロー悪化

緊急段階	（3ヵ月程度の）支払遅延	資金繰り難が明確化

支払不能／倒産

3　入手した情報の分析方法

　これまで見てきたように，決算情報はアジアや欧州の多くの国で入手でき，登記情報についてはほぼすべての国で入手できる。ここでは，ウェブサイトや信用調査会社より入手した情報をいかに分析するかについて，述べていく。

　実は，分析方法は世界のどこでもあまり変わらない。情報を取りやすい国と取りにくい国があるだけといっていい。まずは，決算情報の分析方法から見ていこう。

（1）決算情報の分析

　決算情報で見るべきポイントは，代金支払をできるだけのキャッシュフローを持っているかどうかに尽きる。そこで，キャッシュフローの3つの分析方法をご紹介する。

① キャッシュフローが回っているか？

　まず見るべきなのは，営業利益と減価償却費を足した金額がプラスかどうか

だ。日本で重視される利益指標は経常利益だが，国際会計基準では経常利益の概念がなく，企業本来の収益力を示す指標は営業利益になる。

キャッシュフローは営業利益に減価償却費を足し，運転資本の増減（売上債権の増減＋棚卸資産の増減－支払債務の増減）を加減算（運転資本の増加の場合は引き算，減少の場合は足し算）すると，より正確な数値になるが，そこまで詳細な決算数字が取れない場合もある。

このため簡便法として，営業利益＋減価償却費の金額をフォローしていくのが有効である。減価償却費は基本的にマイナスになることはないので，減価償却費が不明な場合には，営業利益のみで評価してもよい（堅めの評価となる）。

なお，中国の決算書は財務損益（支払利息・受取利息等）が営業利益に含まれているので，それを加味して分析する必要がある。

② キャッシュフローの蓄積があるか？

過去の稼ぎが蓄積していくと自己資本が充実する。自己資本が充実しているということは，安定的なキャッシュフロー（稼ぐ力）があったということになる。自己資本が充実していれば，差入可能な担保もあり，借入れも容易なことが多い。

自己資本額が大きく，自己資本比率（＝自己資本÷総資産）も高い企業は優良企業といえる。ここで留意しなければいけない点は，**自己資本比率が高くても自己資本額が小さい企業は，単に借入れや買掛けができないだけかもしれないという点だ。**このため，自己資本額が取引額と比べて十分に大きいかどうかをチェックすることが重要である。

③ キャッシュフローと負債とのバランスはどうか？

負債，特に借入金額が大きい企業は返済不能に陥るリスクがある。**営業利益＋減価償却費と比較して，借入れが何倍もある企業はリスクが高い。**特に新興国の場合，現地銀行も体力がないため，景気悪化局面では新規借入れができなかったり，返済を求められたりする可能性がある。景気悪化局面では各企業の

売上や利益も減少していることが多いため，借入れに過度に依存している企業は急に立ち行かなくなる。

借入れは，健全な銀行取引があるという意味で多少はあってもいいが，多すぎる企業は景気変動の波をそのまま被り，沈没してしまうリスクが高い。

図表2-28 決算情報で見るべきポイント

チェックポイント	指　標
キャッシュフローが回っているか？	営業利益＋減価償却費
キャッシュフローの蓄積があるか？	自己資本額 自己資本比率
キャッシュフローと負債のバランスはどうか？	借入金÷（営業利益＋減価償却費）

（2）登記情報の分析

登記情報の分析も重要である。チェックするポイントは次のような点だ。

①　設立日

10年以上の業歴がある企業は，過去の景気循環の波（おおよそ10年の周期）を乗り越えていることから，相応に体力があると考えられる。たとえば，前回の米国の不景気（リセッション）は，リーマンショック前後の2007年12月〜2009年6月と定義されている。10年以上の業歴がある企業は，この米国起点の世界的な不景気を乗り越えた実績があるといえる。

業歴が浅い企業は大きく成長する可能性も秘めているが，景気悪化等の環境変化が起きた際に破綻してしまうことも多い。

10年もの間存続している企業には必ず強みがある。その強みを見つけるとともに「その強みに持続性があるかどうか」を見極めたいところだ。

強みとは，たとえば他社が作れないような商品がある，品質が劣化せず永くユーザーから愛されている商品がある，安定的な販売ルートを持っている等々

だ。一方で，強みがあっても，他社も容易に作れそうな商品で今後多くの企業が参入してくる可能性が高い，品質がすぐに劣化しよく壊れる，販売ルートが安定せず頻繁に代わるといった場合には，業績推移や周辺の環境を注視していく必要がある。

② 株　主

　株主の情報も重要だ。アジアの企業は財閥に代表される資本家が多くの企業の株式を保有し，支配している。どのような資本関係にあるかを把握することは，企業の信用度を判断するうえでポイントになる。

　企業グループを形成している場合，**単純に有力な資本が入っている企業だから大丈夫と判断するのではなく，そのグループにとって重要な企業かどうか，資本は何パーセント入っているか等を調査する必要がある。** 重要な企業ではなく，資本の割合も低い場合には，切り捨てられてしまうリスクが残るからだ。

③ 代表者・取締役

　代表者や取締役の情報は，特に変更があった場合に重要である。**代表者が変わった時，会社は大きく変貌することがある。** 成長することもあれば，衰退することもある。代表者の交代時にはその後の業績や経営振りについての評判をフォローし，重要な取引先であれば面談を申し込んで経営スタンスを確認する必要がある。

　取締役の変更も注視する必要がある。 一定期間務めた方が代わるケースはいいが，頻繁に変わる場合は気をつけたほうがよい。内紛が起きていたり，取締役が倒産の危機を察知して退職したということが十分にありうる。倒産に直結するかもしれない危険な兆候なのだ。

④ 当局が示す情報

　中国の国家市場監督管理総局のウェブサイトでは，行政処分や厳重違法，検査結果等の情報を当局が明示している。また，多くの国のウェブサイトで企業

の存続状況（company status）が掲載されている。Live，Activeといった表記であればよいが，dormant（休眠）やInsolvent（清算），dissolved（解散）等と表記されている企業とは取引を回避しなくてはならない。

図表2 - 29 登記情報で見るべきポイント

項　目	ポイント
設立日	10年以上の業歴があるか。
株　主	株主に信頼できる会社や人物がいるか，その出資比率はどの程度か等
代表者・取締役	最近，代表者の交代があったか→要フォロー 取締役が短期間に退任していないか→退任している場合は要精査
当局が示す情報	行政処分や違法といった記載はないか。 Business StatusがLiveやActive以外の表記になっていないか→dormant，dissolved，insolvent等は危険

コラム　当局のウェブサイトから入手できる決算書は信頼できる？

　決算書が入手できたとしても，その決算書が粉飾されている可能性もある。そもそも当局のウェブサイトや信用調査会社から入手できる決算情報は，信頼できるのだろうか？

　前述のとおり，アジアや欧州の多くの国の当局は（非公開会社であっても）決算概要を開示している。この決算概要は当局に提出されたもので，税務調査でも利用されるものである。もし，粉飾決算で売上や利益を大きく計上すると課税金額も増加する。多くの場合，粉飾決算をする会社は資金繰りに困っている。本来払う必要のない税金を払う資金はない。このため，銀行や取引先に提出する決算書は粉飾をしていても，当局に提出する決算書は粉飾をしないものだ。

　一方で「税金を減らしたい」ということで，売上や利益を小さく見せる

粉飾をする可能性は残る。ただ，税務調査が入った際に多額の追徴課税をされるリスクも高まるため，**相応の規模もあり業歴もあるようなまともな企業(注)であれば粉飾して数字を悪く見せるインセンティブは決して高くない。**

> (注) 最初から金を騙し取ることを目論む会社は粉飾のインセンティブがある。このため決算情報だけでなく登記情報もチェックし，業歴や行政処分の有無，経営者や株主の情報を精査することが重要になる。

こうしたことから，当局から入手できる決算書は信頼できるといえる。信用調査会社のレポートに掲載されている決算書も，当局から入手しているのであれば信頼できるといえる。

当局のウェブサイトでは決算書を開示していない国でも，信用調査会社が当局にアクセスすることで決算書が取れる国もある。中国やベトナムがそうだ。**アジアや欧州諸国では，当局サイトで決算書が取れないか，または当局保有の決算データにアクセスできる信用調査会社はないかを把握しておくことが重要である。**

図表2-30 当局宛て決算報告で粉飾決算をするリスク

粉飾決算の内容	影　響
売上や利益を大きく見せる	課税金額が増加→余計に資金が流出
売上や利益を小さく見せる	多額の追徴課税を受けるリスクが高まる。

当局宛て決算報告での粉飾は割りに合わず，まともな企業は行わない

コラム　決算書ではわからない取引先の危険な兆候は？【経営者関連】

決算内容がよくても倒産する企業はある。また，非公開会社の決算書は1年ごとにしか入手できず，直近の決算書であっても数ヵ月前の企業の実

態を示したものに過ぎない。どうしても決算書以外の分析が必要になる。

決算書が信頼できない会社のパターンが2つある。ともに経営者のスタンスに関わることである。**1つは経営者が不誠実な場合，もう1つは経営者に熱意や経営手腕がない場合だ。** 2つとも兆候が表れるので，見逃さずに，取引先を訪問する，信用調査レポートを取り最新状況を確認する，取引方針を再検討する等の対応が必要になる。

① 経営者が不誠実な場合

経営者が不誠実だと，決算書はまったく当てにならない。経営者が不誠実かどうかは取引内容の履行状況をはじめ，日々の小さな約束事を守るかどうかで判断できる。たとえば，アポイントメントを取ったのに不在であるといった状況は危うい。

決定的な兆候は，不祥事の発生や法令違反である。 経営者が不誠実だと不祥事や法令違反が起きやすい。経営者が命令すると，不祥事や法令違反も「これくらいなら……」と社内でまかり通ってしまう風潮ができ上がる。

不祥事や法令違反を起こしてしまうと，企業は信頼を失う。仕入先や販売先，取引銀行は離れていくし，営業上の各種免許も更新できなくなるかもしれない。どんなに決算内容がよくても，そうした会社は倒産するリスクが高い。

② 経営者に熱意や経営手腕がない場合

決算書は過去の情報であり，将来を保証するものではない。経営者に熱意や経営手腕がなければ，会社は徐々に衰退していく。過去順調な業績を上げている企業でも，経営者が交代した際には注意する必要がある。

その兆候は経営者の周辺で現れる。 主要な役員が急に退職する，頻繁に変わる。主要な仕入先や販売先が変わる。取引銀行が変わる。これらは，関係者が経営者についていけなくなった，取引を続けるうえで危険を感じ

たといった原因があることが多い。

　兆候を見つけるには，日頃から報道や周辺の動向等，日々の小さな綻びに目を光らせておくことである。

図表2-31　決算書ではわからない取引先の危険な兆候─経営者関連	
経営者のスタンス	その兆候
経営者が不誠実	• 日々の約束を守らない。 • 不祥事の発生 • 法令違反の発生
経営者に熱意・経営手腕がない	• 主要な役員の退任 • 主要な仕入先・販売先の変更 • 取引銀行の変更

コラム　決算書ではわからない取引先の危険な兆候は？【支払状況】

　決算書は直近のものでも数ヵ月前の情報である。足元の取引先の状況を把握できる最も簡単な方法が，支払状況をウォッチすることである。支払遅延が目立ち始め，1ヵ月を超えるようになってきたら，取引先の資金繰りが危うくなっている可能性が高い。

　そうなったら，すぐに督促の電話をし，なぜ遅延しているのかをよくヒアリングする必要がある。取引先は遅延の理由を相手のせいにしたがる傾向がある。「商品の仕様が一部異なっていたから」「インボイスが届いていないから」「価格や数量が異なるから」等だ。明らかに当方に問題がある場合を除くと，1ヵ月以上の遅延がある場合には取引先の資金繰りに問題がある場合が多い。

　併せて，信用調査レポートに支払振りの情報が載っているのであれば，

これも積極的に活用したい。支払振りの欄に1ヵ月以上の支払遅延が載っているような企業との取引は回避するか，取引条件を厳格化する，リスクヘッジ手段を講じる等慎重に取引を検討したほうがよい。

　並行して決算書の分析もすべきだ。残念ながら，海外の企業は支払期日を守る意識が日本ほど高くない。多少の支払遅延がルーズさや多少の金利稼ぎ目的から来ているのか，資金繰りが厳しいからなのかは，決算書を見れば判別できる。営業利益+減価償却費がマイナスなら，支払遅延の原因は資金繰りのせいと判断できる。

　いずれにせよ，**1ヵ月を超える支払遅延が自社との取引や信用調査レポートで見受けられる場合には，危険な兆候としてすぐに対応を検討する必要がある。**対応の仕方の詳細は第5章でご説明するが，取引先に連絡を取り，**遅延の理由を特定することが重要である。**当方に非がある場合には，すぐに対応することで，相手が言い訳をする余地をなくす。たとえばインボイスが送られていない，または間違っているという理由であれば，すぐに正しいインボイスを送り，相手がすぐに支払に応じるかどうかを注視する。

　すぐに支払がなされない場合は，資金繰りに問題があることが明確になるため，出荷停止や取引解消等の次のアクションに移ることができる。

（図表2-32）決算書ではわからない取引先の危険な兆候─支払振り

兆　候	一次対応
支払期日後1ヵ月経っても支払がなされない	督促および支払遅延の理由をヒアリング →当方に非がある場合にはすぐに対応，相手の言い訳の余地をなくし，支払を注視
信用調査レポートに1ヵ月を超える支払遅延が載っている	取引を回避，縮小する。取引を続ける場合には取引条件を厳格化するか，リスクヘッジ手段を導入する。

コラム　各国信用調査会社の特徴を知ろう

　日本の信用調査会社のレポートを見慣れている方が，海外の信用調査会社のレポートを見ると面食らうことがある。極端な場合には「海外の信用調査会社のレポートは，取っても有益な情報が得られない」として，レポートを取ることをやめてしまうことさえある。

　海外の信用調査会社のレポートは，その会社が創業した国の特徴が出ており，その特徴を知ることで，有効に活用することが可能になる。

①　米国の信用調査会社

　日本で容易に取れる米国の信用調査会社レポートはDun & Bradstreet社のもので，ダンレポートと呼ばれている。米国では，非公開会社の決算書の入手は容易ではない。このため，前述のように企業間で取引先の支払振りの情報を交換するトレードレファレンスという慣習が発達してきた。**米国の信用調査会社は，トレードレファレンスの情報を多くの企業から集めることで，「この会社の支払振りは良好だから優良，この会社は支払が遅れ気味だから要注意」等の取引先の信用度を測る仕組みを構築した。**

　各企業にとっても，自社で支払振りの情報を集めるのは限界があり，多数の企業が集めた情報を還元してくれるサービスは非常に有益である。

　自社で支払振りの情報を集めるためには，まず取引先とコンタクトし，仕入先担当者の連絡先を教えてもらう必要がある。信用調査レポートに支払振りの情報が載っていれば，取引先とコンタクトする前に，その会社の信用度を把握し危険な相手をふるいにかけておくことができる。

　米国の信用調査会社は，この支払振りの情報を軸に，登記情報で入手できる資本金の額や業歴，さらに裁判記録，回収代行履歴等を集め，企業の信用度を判定している。

トレードレファレンスの慣習がある米国やカナダ等の北米，英国をはじめとする欧州，シンガポールやオーストラリア等では有力な情報が取れる。米国の信用調査会社は，アジア諸国でもその子会社および提携調査会社を通じ，トレードレファレンスの情報収集に努めている状況にある。

②　欧州の信用調査会社

　日本に進出している欧州の信用調査会社は，英国発祥のエクスペリアンジャパン社と，ノルウェー発祥のクレディセイフ企業情報社である。欧州では多くの国で，非公開会社であっても決算書またはその概要が当局サイトから入手できる。このため，**欧州の信用調査会社のレポートには，欧州企業はもちろんアジア企業でも，決算書が掲載されていることが多い。**

　早くからグローバル展開をしており，その子会社および提携調査会社を通じて，欧米・アジアはもちろんアフリカ等新興国へのカバレッジも広い。

　また，信用調査レポートには世界共通の格付けが付与されており，取引先の信用度が容易に比較できる。

③　日本の信用調査会社

　日本では，非公開会社の決算書入手は容易ではなく，トレードレファレンスの慣習もない。かつて銀行間で手形の信用情報を交換していた程度である。

　こうした環境下，日本の信用調査会社は何とか情報を充実させるべく，調査対象会社およびその取引銀行や仕入先・販売先に訪問，ヒアリングすることで，情報を集め信用度を測ってきた。また，決算書が入手できない時には推定の決算書を付記するという他国にないサービスも行っている。

　日本の信用調査会社には海外企業の信用調査を行うべく，提携調査会社ネットワークを広げている。

　東京商工リサーチ社はDun & Bradstreet社と提携関係にある。

帝国データバンク社は韓国に子会社を持っており，韓国では日本同様の訪問調査を交えたきめ細かい情報収集を行っている。アジアをはじめとして提携調査機関のグローバルネットワークを構築し，決算書をはじめとする各種情報の入手に努めている。

また，帝国データバンク社は日本の信用調査報告書の水準に当てはめた5段階の海外信用区分を付与することで，取引先の信用度が比較できるようにしている。

図表2-33　日米欧信用調査レポートの特徴

	米国系	欧州系	日　系
信用情報	トレードレファレンスが主体	当局開示の決算・登記データ等	訪問等のきめ細かいヒアリング
企業評価の特徴	支払振り等による評価	決算分析等による評価	決算およびヒアリング等による評価

アジア企業の信用調査報告書も米国系，欧州系，日系それぞれの特徴が出る。

第2章　海外企業の債権管理／与信管理　**63**

4 取引先の信用度と取引限度・取引条件

　取引先の信用度が把握できたら，それに基づいて取引限度や取引条件を設定する。信用度の低い取引先に大きな取引限度を設定し，野放図に取引を伸ばしていくと，多額の貸倒損失が発生しかねない。取引条件も同様であり，信用度の低い取引先に言われるがままに長い支払期間を許容してしまったら，最後には回収不能になりかねない。

　逆に，信用度の高い取引先に厳しい取引条件をぶつけても取引は始まらない。始まっても，じきに競争相手が有利な条件を提示してくるので長続きしない。信用度の高い取引先に小さな取引限度しか設定していない場合も同様だ。すぐに取引限度オーバーになり，限度増額を検討している間に競争相手に取引を取られてしまうかもしれない。

　取引先の信用度に応じた取引限度・取引条件の設定が，与信管理上も営業推進上も重要で，これが適切にできれば貸倒リスクも減少し，安全に販路拡大を図ることができる。

（1）取引先の信用度の把握

　取引先の信用度は，決算書から格付けを算出する格付モデルを使い，登記情報や支払振り等の定性情報を反映して測定することが望ましい。ただ，これには相応のノウハウが必要である。簡易的に信用度を測るには，信用調査会社の格付けを使うのが有効だ。信用調査会社は決算情報や登記情報，支払振りの情報を持っており，その情報をもとに取引先を評価してくれているからだ。

　信用調査会社に依頼しない場合には，前述の決算情報で見るべきポイントや登記情報で見るべきポイントをベースに，**図表2-34**のように割り切った分類を行う方法も考えられる。

図表2-34 信用度の分類例

信用度	イメージ
優	営業利益（＋減価償却費）が多額で自己資本も充実しており，数年分の営業利益で借入返済が可能。業歴は10年を超えており，取締役の頻繁な変更はない。支払遅延もほとんどない。
良	営業利益（＋減価償却費）がプラスで自己資本も相応にあり，借入れは営業利益数年分＋自己資本の範囲内にある。業歴は10年を超えており，取締役の頻繁な交代はない。支払遅延はあっても10日以内
可	優・良の水準には達しないが，不可の項目にも当てはまるものがない。支払遅延は30日以内 →潜在的なリスクはあるが，明確なリスクはない状態
不可	次のいずれかに該当している。 【リスクがある段階】 ① 支払遅延が30日を超えている，もしくは他社で支払遅延が30日となっていることが判明している。 ② 数期連続で営業赤字が続いている。 【重大なリスクがある段階】 ① 取締役が頻繁に交代している，急な退任がある。 ② 支払遅延が90日を超えている，もしくは他社で支払遅延が90日となっていることが判明している。 ③ 債務超過である。

（2）信用度に応じた取引限度の設定

　図表2-34の信用度分類を使って，取引限度の設定について考えてみよう。取引限度は，信用度を含めた３つの方法で計算した最小の金額を設定する。

① 取引見込額による限度設定

　取引見込額と取引限度との間で大きな乖離があると，取引先の変化に気づきづらくなる。**取引見込額を超える取引が発生する際には，取引先に何らかの変化があるものだ。**その変化はいいものもあれば，悪いものもある。

いい変化とは，予想以上に販売商品の売れ行きが好調だったり，取引先が当社または製品を高く評価して発注を大幅に増やしてくれたといったものである。この場合は，取引限度を増やすことに加え，次のように営業強化の面で対応が必要になるかもしれない。

- 取引先に御礼に行きつつ，今後の発注見込みを確認する。
- 信用度の観点から，発注見込みに応じて限度を増やしても大丈夫かをチェックする。
- 自社製品であれば増産，他社製品なら仕入増を検討する。

いずれも企業経営上，重要な判断になる可能性がある。

悪い変化とは，取引先が倒産前に商品を大量に買い込み，そのまま逃げることを画策している場合だ。倒産を覚悟した取引先は大量に買い込んだ商品を売りさばき，その代金を仕入の支払に充てるのではなく逃亡後の生活資金に使う。この場合には，大量に販売した商品の代金は支払われず，すべて貸倒損失になる。

こうした事態は絶対に回避しなくてはならない。取引見込額による取引限度設定をしておけば，限度を超える発注が来た際に一度立ち止まって，取引限度増額に耐えられる取引先かどうかを判断できる。

「少しでも危ないかもしれない」と思えば，取引をいったん止めるか，限度以上の取引は前金やリスクヘッジ付きの取引とすればよい。

このように取引見込額を取引限度としておくのは，取引先の変化を検知するうえで重要である。言い換えると，取引見込額を取引限度にしておかないと，こうした変化は検知できない。

なお，取引見込額から算出する取引限度は，月間販売見込額×支払期間で計算する。こうしておかないと，支払期間の長い取引先はすぐに取引限度を超過してしまう。

図表2-35 取引見込額を取引限度に設定する意義

変　化	取るべき対応
予想以上に商品が売れる・取引先からの評価が高まり発注が増加　等	• 取引先への御礼と今後の取引見込額の確認 • 取引先の信用度の再確認 • 増産や仕入増額の検討
倒産寸前の企業が自身の資金化のために大量に発注	• 取引先の信用度の再確認 • 取引停止や取引条件の厳格化を検討

② **取引先の買掛債務額による限度設定**

　限度設定にあたっては，取引先の買掛債務額（買掛金と支払手形の金額合計）を勘案することも重要である。買掛債務額は，他社がその取引先に与信を許容している金額の集積である。他社が少額しか与信を許容していない取引先に多額の取引限度を設定するのはリスクがあるし，他社競争上も，それほど限度を設定しなくても十分な取引ができると考えられる。

　取引限度は，買掛債務額の３割～５割までとしておく。一般的な取引先に対しては３割程度に留め，優良先で今後も永続的に取引を続けたい取引先には５割まで広げる。

　５割超にするのは大きなリスクを背負い込む。買掛債務の５割超の取引をするということは，取引先にとって自社が最大の仕入先になることを意味する。もし，取引先の業績が悪化した際に取引を止めてしまうと，取引先の仕入の過半がなくなり，取引先の業務が立ち行かなくなる。結局，自社が取引先の倒産の引き金を引くようなことになり，残った売掛金は回収不能になってしまう。

　「何があっても取引先を支える」ぐらいの腹積もりがない限り，そこまでの取引をしてはならないということだ。もし５割超の取引をする際には，銀行が融資の際に求めるように決算書の詳細な明細や他の仕入先との取引高等のさまざまな情報を集め，経営者と面談しその手腕を確認する等，特別な準備をし，慎重に意思決定をしないといけない。

第2章　海外企業の債権管理／与信管理　　**67**

　では，信用調査レポートや当局サイト等に買掛債務額が掲載されていない場合，どうすればよいのだろうか？

　この場合は，買掛債務を売上高や資本金から推定する。売上高は会社のウェブサイトに載っていることもあるし，ヒアリングすれば答えてくれる会社も多い。資本金は多くの国の登記情報に掲載されている。売上高か資本金がわかれば，後は一般的な財務比率の前提を置くことで推定できる。あくまで推定であるため，限度が小さめに出るように前提を置く。

【売上高から推定する場合】

　海外企業の支払期間は30日程度が多いため，買掛債務回転期間を30日とする。仕入原価率は7割とする。ただ，仕入原価率は業種によって異なるため，適宜変更されることをお勧めする。

> 買掛債務＝売上高×仕入原価率（7割）×30日／365日＝売上高×5.7%

【資本金から推定する場合】

　自己資本比率は3割とし，総資産回転率は1回転とする。これでまず，売上高を推定する。なお，本来の自己資本は資本金に利益剰余金等を加えたものなので，資本金から計算すると買掛債務額は小さく見積もられることになる。

　自己資本比率は海外企業でも4割あれば優良とされる。総資産回転率は日本企業でも海外企業でもあまり変わらず，1回転前後の企業が多い。ただし，業種によって総資産回転率も変わるため，装置型の産業等は少し低く設定すべきかもしれない。

　自己資本比率と総資産回転率がわかれば，売上高が推定できる。あとは推定した売上高から買掛債務を算出する。

> 売上高＝資本金÷自己資本比率（4割）×総資産回転率（1倍）
> 買掛債務＝売上高×仕入原価率（7割）×30日／365日＝売上高×5.7%

> 買掛債務＝資本金÷自己資本比率（4割）×5.7％＝資本金×14％

③　信用度による限度設定（自社体力を勘案した計算）

　この限度設定は，取引先というよりも，自社がどの程度リスクが取れるかで決まる。この限度設定は信用度ごとの倒産確率がわかっていないと難しいが，ここでは優，良，可，不可の倒産確率を次のようにおおまかに設定し，計算してみよう。

【前提：信用度ごとの倒産確率】

信用度	倒産確率
優	1％
良	3％
可	10％
不可	50％

　ここで自社がリスクの取れる金額を，たとえば自社の当期利益の水準，または当期利益＋自己資本の半分の水準とする。ここでは，リスクの取れる金額を50百万円として計算してみよう。

【信用度による限度設定例】

　上表の倒産確率から計算した予想貸倒損失額がリスクの取れる金額の範囲に収まるように，信用度ごとに取引限度を決める。

　その際に，信用度ごとの取引先数を勘案し，**信用度が高くなるほど限度が大きくなるように設定する。**図表2-36の例では，予想損失額が50百万円の範囲に収まるように，倒産確率と取引先数を勘案して限度を設定している。

第2章　海外企業の債権管理／与信管理　**69**

図表2‒36 信用度ごとの限度設定例

(単位：百万円)

信用度	倒産確率	限　度	社　数	予想貸倒損失額
優	1％	100	4	4
良	3％	60	10	18
可	10％	10	20	20
不可	50％	0	2	0
合計			36	42

　以上の３つの方法で計算した限度のうち，**最小の金額を取引限度に設定する。**
こうしておけば，信用度の低い取引先との取引額は限定的となり，どんな取引
先でもその変化を察知しやすくなり，危険だと判断した際には取引を縮小する
ことができる。取引先が倒産しそうになっても引くに引けないということもな
い。すなわち，リスクを限定したうえで売上拡大が目指せる態勢になる。

図表2‒37 取引限度を３つの方法で計算する意義

限度計算方法	効　果
取引見込額による計算	・取引先の変化を把握 ・立ち止まって対応策を検討
取引先の買掛債務額による計算	・過度な依存関係を回避 ・業績悪化時には取引縮小が可能
信用度による計算 （自社体力を勘案した計算）	取引先が倒産しても事前に想定した リスクの範囲内で損失が収まる。

（3）信用度に応じた取引条件の設定

取引条件も，信用度に応じて設定することが重要だ。

　優良先には，可能な限り相手の要望に沿った取引条件を提示することが求め
られるし，信用リスクのある取引先には，厳格な取引条件にしておかないと代

金を回収できないリスクが高まる。さきほどの優，良，可，不可の4つの信用
度別に取引条件の設定をしてみよう。

① 信用度「優」の取引先

回収不能となるリスクは小さく，競争相手は多い。相手が優良な大企業の場合には，独自の取引条件を持っており，その条件での取引を求めてくる。

厳格な取引条件を求めると取引ができない可能性があり，比較的長い支払期間を許容せざるを得ない。このため，標準的な支払期間よりも長めの支払期間を認める。多くの国で標準的な支払期間は1ヵ月なので，長めの支払期間は2ヵ月ということになる。

なお，国や業種によっては標準的な支払期間が長いケースがある。その場合は現地・同業の標準的な支払期間をよく調べたうえで，そこから一定期間の延長を認めるといった考え方になる（国ごとの支払期間の傾向については第4章を参照）。

ここで大事なポイントは，この長めの支払期間は「優の取引先全社一律に与えるものではない」ということである。与信管理上はもちろん営業上も資金管理上も，支払期間すなわち自社にとっての売掛期間は短いほうがよい。

与信管理上は売掛期間が短ければ，同じ金額の販売でも売掛債権額は少なくなる。営業上も，同じ取引限度内でより多くの商品を販売することが可能になる。資金管理上も売掛期間が短ければ，その分資金を早く回収できるため，自社の借入れを返済したり，余剰資金を運用することができる。よって，取引先が求めてきた場合にのみ，長い取引期間を許容すればよいのだ。

図表2-38 短めの取引期間設定のメリット

観　点	メリット
与信管理上	売掛金額（与信額）の減少
営業上	取引限度内で多くの商品を販売可能（図表2-39）
資金管理上	早期回収で資金繰り改善

第2章　海外企業の債権管理／与信管理　　71

(図表2-39) 営業上のメリット

取引限度100とした場合，売掛期間2ヵ月を1ヵ月にすると2倍販売できる

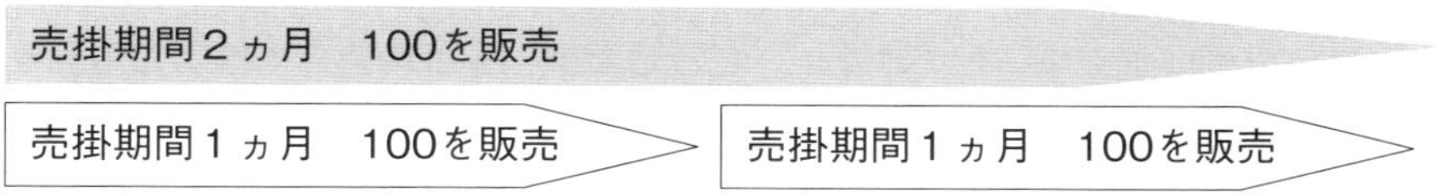

売掛期間2ヵ月　100を販売

売掛期間1ヵ月　100を販売　　　　売掛期間1ヵ月　100を販売

②　信用度「良」の取引先

　回収不能となるリスクは普通で，競争相手も標準的な取引を志向する。取引先も独自の取引条件を突き付けてくるようなことはほとんどない。こうした取引先には標準的な支払期間を設定すればよい。

　前述のとおり，多くの国で標準的な支払期間は1ヵ月である。よって，**1ヵ月の取引期間を適用するのが基本となる。**優の取引先と同様に，国や業種により標準的な支払期間が長くなる場合には，実態をよく精査して，現地・同業種での標準的な支払期間を適用すればよい。

③　信用度「可」の取引先

　回収不能となるリスクは相応にあり，競争相手も積極的な取引をしてこない。こうした取引先は，リスクを極力回避すべきである。同国内取引ならCash on Delivery（代金引換え渡し）取引や，事務的な煩雑さを回避するためのごく短期の支払期間を許容する程度とする。**ある程度の支払期間を許容しなければならない場合は，リスクヘッジ手段を導入する。**たとえば，現地銀行の保証を取る，取引信用保険を掛ける等の方法をとる（リスクヘッジ手段については**p.83のコラム**および**第4章**を参照）。

④　信用度「不可」の取引先

　倒産する可能性が極めて高く，競争相手はいない。支払期間を許容することは厳禁で，既存の取引先がこの状態に陥った場合は売掛金の縮小に急いで動く

必要がある。取引は前金に限定する。

　重大なリスクが顕在化している取引先（取締役の頻繁な交代や急な退任がある，支払遅延が自社または他社で90日を超えている，債務超過である）には，より厳格な対応をしないといけない。**こうした取引先は前金でも慎重に取引をすべきである。**たとえ前金取引でも商品は準備しておかなければならないかもしれない。その商品は無駄になるリスクが高い。前金を受け取った後でも，商品を納入した後でいわれのないクレームを受け，返金を請求されるリスクもある。

　特に新規先は取引を回避すべきだ。

図表2-40 信用度別の国内取引条件

信用度	国内取引条件（個別申請不要で許容できる条件）
優	後受け送金　支払期間60日以内
良	後受け送金　支払期間30日以内
可	Cash on Delivery取引
不可	前受け送金 重大なリスクが顕在化している取引先は，取引回避

（4）貿易の場合の取引条件

　ここまで取引条件を支払期間の違いのみで説明してきたが，取引条件は支払期間だけではない。特に貿易取引の場合には，L/C取引，D/P取引，D/A取引といった独特の取引条件がある。まずはそれぞれの取引条件について見ていこう。

① D/P（Documents against Payment）取引

　貿易取引で特徴的なのが，為替手形と船積書類を使った取引である。

　貿易取引では，同国内の取引で利用されるCash on Delivery取引は困難であ

る。

　送金取引では，送金代金を受け取った後に商品を送るか，商品を船積した後に送金代金を受け取るか，分割して送金するかしかない。

　信頼関係ができていない取引先の場合には，取引条件が合わないために取引ができないといったこともありうる。

　モノの引渡しと代金支払を同時に行うべく産み出されたのが，為替手形と船積書類を使った取引である。

　特に船積書類の引渡しと手形決済を同時に行うD/P（Documents against Payment）取引は，銀行を介してCash on Delivery取引を実現した取引といえる。

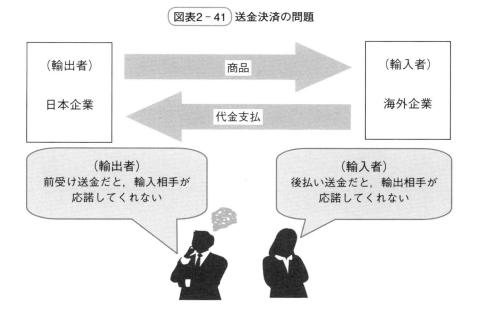

図表2−41　送金決済の問題

【為替手形が利用される理由】

　為替手形はなぜ使われるのだろうか？　**為替手形のよいところは，輸出者主導で代金回収ができることだ。**送金にしろ，約束手形にしろ，通常の商取引では輸入者が代金を支払うのを待っていなければならない。ルーズな輸入者が取引先であれば，いつまでたっても代金は入ってこないということもありうる。

　為替手形は，輸出者が振出銀行経由で輸入者に早期の支払を求めることができる。そして，船積書類と組み合わせることで，輸入者に支払のインセンティブを高めることができる。

図表2‒42　為替手形の例

```
                    BILL OF EXCHANGE
No. _____                    PLACE  振出地      DATE  日付
FOR USD 金額（算用数字）
AT____期　間_____SIGHT OF THIS FIRST BILL OF EXCHANGE（SECOND BEING UNPAID）
PAY TO            受 取 銀 行            OR ORDER THE SUM
OF USD 手形金額（英文表記）
VALUE RECEIVED AND CHARGE THE SAME TO ACCOUT OF        輸入者
DRAWN UNDER                L/C発行銀行
L/C NO.   L/C番号              DATED        L/C発行日
TO        支払人（L/C発行銀行）                          収入
                                                      印紙
                         手形振出人（輸出者）
```

【船積書類が利用される理由】

　船積書類とは，インボイスやパッキングリスト，保険証券等が含まれるが，最も重要なのがB/L（Bill of Lading：船荷証券）である。B/Lを持っていれば，荷物（商品）を受け取ることができる。B/Lは商品の代わりとみなすことができる。

　為替手形に船積書類を組み合わせ，銀行を関与させるとCash on Deliveryと同様の効果を持つ取引ができる。

【為替手形と船積書類を組み合わせた取引】

図表2-43を使って、取引フローを見ていこう。

> ① 輸出者が為替手形を振り出し、船積書類とともに取引銀行に提出する。
> ② 輸出者の取引銀行が輸入者の取引銀行に為替手形と船積書類を送付する。
> ③ 輸入者の取引銀行は輸入者が為替手形の支払をしたことを確認して、船積書類を渡す→輸入者は入手した船積書類を船会社に渡すことで、荷物（商品）を受け取ることが可能。

この③の部分が重要で、**輸入者の取引銀行が支払と引き換えに船積書類を渡すことで、Cash on Deliveryの確認役を果たしている。**国内取引の代引き決済における運送業者の役割をしているともいえる。代金は輸入者取引銀行から輸出者取引銀行を経由して、輸出者に支払われる。

このようにD/P取引は、為替手形と船積書類を使って銀行を確認役とした

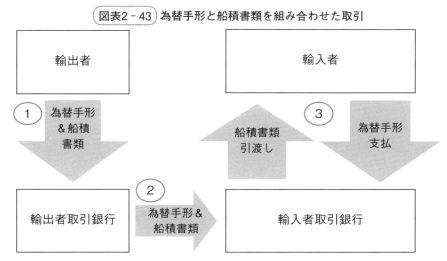

図表2-43　為替手形と船積書類を組み合わせた取引

③の部分でCash on Deliveryを実現

Cash on Deliveryを実現している。

② D/A（Documents against Acceptance）取引

D/A取引は，取引銀行から手形を呈示された際に，支払をするのではなく，手形を引き受けるものである。手形の引受けとは，手形期日での支払を約束する行為だ。それ以外はD/P取引と変わらないのだが，リスクの度合いはかなり異なる。

なお，D/P取引の手形は呈示されたらすぐ支払わなければならないので，

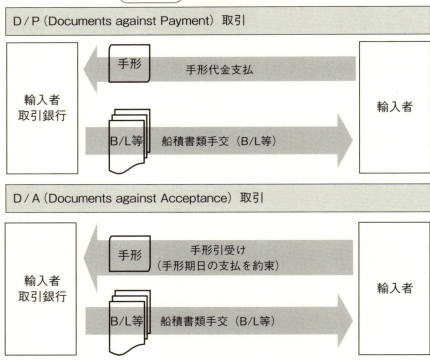

図表2-44　D/P取引とD/A取引の違い

※手形の引受けは必ずしも支払を保証するものではないが，船積書類すなわち荷物は取られてしまう。

At sight（一覧払い）と記載される。一方，D/A取引の手形は後日支払でいいので，At ○○days sight（一覧後○○日払い）やAt ○○days after B/L date（B/L日付後○○日払い）と記載される。

　日本のイメージだと，手形支払の約束をするという行為は重大で，約束を破り期日に支払をしないと不渡りとなり，取引停止処分から倒産につながっていく。ところが海外では，そうした制度はなく，期日に支払をしなくても明確な罰則はない。むしろ，多少の支払遅延はあるのが普通である。

　D/A取引では，期日支払の確実性が低い手形の引受けと引き換えに，船積書類を引き渡してしまうことになる。すなわち，**荷物を先に取られ，後で代金の支払を受ける後受け送金取引とあまり変わらない取引だといえる。**

　D/A取引と後受け送金取引の違いは，手形の引受けをさせることで，輸入者が買掛債務を明確に認めたという証拠ができることと，売掛債権のみならず，手形債権として取立てができるという程度だ。

③　L/C取引

　D/P取引でCash on Delivery取引は実現するが，支払がなされない場合でも荷物は海外に送ってしまっている。送り返すと相当にコストが掛かるし，何より他に買い手が見つかるかどうかもわからない。D/A取引に至っては，荷物だけ取られ支払が一向になされないということが十分にありうる。

　こうしたリスクを軽減するのが，L/C（Letter of Credit）である。優良な銀行が発行するL/Cを入手できれば，D/P取引でもD/A取引でもリスクは大幅に軽減できる。

　L/Cとは，輸入者の取引銀行が発行する保証状である。輸出者がL/Cに記載された条件どおりの書類（為替手形や船積書類）を提出すれば，L/C発行銀行は輸入者に代わって代金を支払わなければならない。支払を受ける相手が輸入者から銀行に代わるため，回収の安全度は大きく高まる。どの国でも銀行は上場していることが多く，銀行の倒産は預金者をはじめとする多くの関係者に影響を与えるため，国が保護しているケースが多い。銀行が支払を遅延すること

は少なく，ましてや延々と支払遅延することはほぼない。

L/Cは通常，UCP600（信用状統一規則）に準拠している（L/Cの末尾にその旨の記載がある）。**UCP600準拠のL/Cは，次の規定から，売買契約や品質上のクレームと関係なく，L/Cに記載された条件どおりの書類の提出がなされれば，代金は支払われる。**

- 独立抽象性（UCP600第4条）

　L/Cは売買契約その他の契約とは別個の取引である。銀行はそのような契約と無関係であり，なんら拘束されない。
- 書類取引性（UCP600第5条）

　銀行は書類を取り扱うのであり，その書類が関係する物品やサービスを扱うものではない。

このように，銀行は売買契約や物品やサービスと関係なく，書類の確認ができれば支払をする必要がある。

L/Cさえ入手できれば，D/P取引はもちろん，D/A取引も銀行が期日支払を確約するので，安全度の高い取引になる。リスクのある取引先から60日や90日等一定の支払期間を求められる場合でも，L/Cが入手できれば安心だ。

④　貿易の場合の取引条件

以上を踏まえて，信用度別の貿易取引条件を設定してみる。

【信用度「優」の取引先】

国内取引同様に標準的な支払期間よりも長めに設定する。取引形態は後受け送金取引でもD/A取引でもよい。

【信用度「良」の取引先】

国内取引同様に標準的な支払期間を適用する。取引形態は後受け送金取引でもD/A取引でもよい。

第2章　海外企業の債権管理／与信管理　79

【信用度「可」の取引先】

　国内取引のCash on Delivery取引に相当するD/P取引でもよいとしたいところだが，いったん商品を海外に出荷してしまうと，送り返すのに相当コストが掛かる。転売できるかどうかもわからない。また，At Sight取引でも支払を受けるまでに数週間程度の時間を要する。このため，貿易取引の場合にはL/C取引を求めるべきである。

　このため，**信用度可の取引先はL/C取引とし，D/P取引は信用度良の取引先との条件とする。**

【信用度「不可」の取引先】

　国内取引同様に前受け送金とする。重大なリスクが顕在化している場合（取締役の頻繁な交代や急な退任がある，支払遅延が当社または他社で90日を超えている，債務超過である）には，より厳格な対応をしないといけない。こうした取引先は前金でも慎重に取引をすべきである。

　前金取引でも発注を受ければ商品は用意しなければならないが，その商品は取引先が倒産すれば無駄になる。たとえ前金を受け取っても，納入した商品にいわれのないクレームを受け返金を求められるリスクもある。特に新規先は取引を回避すべきである。

図表2-45 信用度別の貿易取引条件

信用度	貿易取引条件（個別申請不要で許容できる条件）
優	後受け送金・D/A取引　支払期間60日
良	後受け送金：D/A取引　支払期間30日 D/P取引
可	L/C取引
不可	前受け送金 重大なリスクが顕在化している取引先は，取引回避

コラム　正確な書類作成ができなければL/Cはもらわないほうがいい？

L/Cに記載されているとおりの書類を提出できない（書類に瑕疵＝ディスクレ有と指摘される）と，L/Cを発行した銀行から支払を拒絶されてしまうかもしれない。

「L/Cのとおりに書類を作成できないから，L/Cはもらっても意味がない。書類作成が面倒なだけだ。事務負担の小さい後受け送金取引にしよう」

こうした対応は正しいのだろうか？　答えはこうだ。

「No！　**L/Cに記載されているとおりの書類が作れなくても，L/Cはもらったほうが圧倒的に安全な取引になる**」

その理由を，L/C発行銀行および輸入者の視点から見ていこう。

①　L/C発行銀行にとって

L/C発行銀行はL/Cを発行する際に，輸入者の与信判断をしている。L/Cが発行されたということは，信用できる取引先であるという証になる。L/C発行銀行がリスクのある取引先だと判断した場合は，預金等の担保を取る。いずれにせよ，**L/C発行銀行は輸入者が支払えることを確信してL/Cを発行しているのだ。**

もし，後受け送金にしていたら，L/C発行銀行の審査もなく，輸入者が支払うかどうかの判別はできない。

②　輸入者にとって

輸入者の資金繰りが厳しい状態にあるとする。輸入者は，なけなしの資金を誰に払うのだろうか？　優先的に支払う仕入先は誰だろうか？

払わないといけないのは，取引を切られてしまうと自社が立ちいかなく

第2章　海外企業の債権管理／与信管理　　81

なる重要な取引先，あとは督促の多い取引先である。督促が多い取引先への支払を遅らせると噂がすぐに広がる。噂が怖いのは，噂を聞いた取引先が一斉に取り立てに来ることである。こうなると，あっという間に資金は枯渇し，破産や夜逃げ等をせざるを得なくなる。

　では，日本等の海外の仕入先への支払の優先度は高いのだろうか？　海外の仕入先は支払が多少遅れても，噂が広がることは考えづらい。海外送金は銀行の事務手続等でも遅れることがあるため，そもそも異変に気が付かないかもしれない。

　こうして，なけなしの資金は，まず重要な取引先・督促の多い仕入先，同国内の仕入先の順に支払われ，海外の仕入先は資金繰りが改善するまで後回しということになる。

　後回しにされる海外の仕入先は，このままでは回収できないリスクが高い。ところが，海外の仕入先がL/Cを入手できたら，途端に大きく立場が変わる。L/C発行銀行は支払義務があるため，輸入者から代金を取り立てる。輸入者は，L/C発行銀行に預金を預けており，借入れもあるかもしれない。不義理をしたら，大変なことになる重要な取引先である。さらに，払わなければ督促が頻繁に来る。

　L/Cさえ入手できれば，支払の優先度は最上位に上がることになる。

③　ディスクレがある場合の対応

　ここで，L/Cに記載されているとおりの書類が提出できなかった（ディスクレがあった）場合，どうなるのだろうか？

　一義的には，L/C発行銀行は支払を拒絶できる。ただ，銀行はしっかり審査をしており，輸入者に支払能力があることがわかっている。輸入者もL/C発行銀行からの取立てに備え，資金を用意している。

　ここでディスクレを理由に支払を拒絶し続けたら，どのようなことが起きるか？

L/C発行銀行は，輸入者に疑惑の目を向ける。

「この輸入者はディスクレを理由に支払を拒絶し続けているが，すでに商品は受け取っている。おそらく，商品は販売も済んでおり代金も回収している……。なぜ，代金を支払わないのだろうか？ 実は資金繰りに問題があるのではないか？ この輸入者と取引をし続けるのは危険だ。取引を縮小していこう」

輸入者も銀行に問題視されては困る。疑惑の目を向けられないように，支払に応じる。

L/C発行銀行も，支払拒絶を続けることは，国際的な銀行間での評判を落とすリスクがある。

結局，L/Cの有効期限がとうに切れているといった根本的なディスクレでもない限り，支払をしたほうがよいということになる。

このように，書類が適切に作成できなくても，L/Cをもらったほうが格段に代金は回収しやすくなる。L/Cはできるだけ入手に努めるべきだ。

図表2-46 L/C取引の意義

支払の優先順位を上げるL/C取引
・資金繰りの厳しい企業は，自社取引上影響が大きい取引先や督促頻度の高い取引先に優先的に支払う。 ・現地仕入先に対しては，支払が遅れると噂が広まり，一斉に督促を受けるリスクもあるため，優先的に支払う。

支払を後回しにされやすい海外仕入先
優先順位を上げさせるには？

回収手段	特　徴
L/C	・銀行に支払義務あり。 ・現地銀行が回収努力をするため，最優先で支払われる。

第2章 海外企業の債権管理／与信管理　83

コラム　取引条件が合わない。取引限度を超える。取引をやめるほうがいい？

　どんな取引にでも相手がおり，こちらの思いどおりの取引条件に従ってくれるとは限らないし，限度を超過しそうだから注文を制限しようとは考えない。そこで取引をやめてしまっては売上を伸ばすことはできない。

　こういう場合に有用なのが，代金回収のリスクヘッジ手段を導入することである。典型的なのがL/Cで，優良銀行のL/Cを入手できれば支払期間を気にする必要はほとんどない。取引限度もあまり気にする必要がない。

　L/C以外にも，ファクタリングや取引信用保険等，さまざまなリスクヘッジ手段がある。優良ではない銀行やカントリーリスクのある国の銀行のL/Cについてもリスクヘッジ手段はある。

　リスクヘッジ手段の経済効果は2つに大別できる。保証取引と債権売却取引（ノンリコース）だ。それぞれの効果を比較してみよう。

①　保証取引

　取引先が倒産した，または支払遅延が3ヵ月以上になり回収が困難な状況になった際に，取引先に代わって代金が払われる取引である。貿易保険や取引信用保険，日本で展開されている国際ファクタリング（図表2-47）が該当する。こうした保証が付いていれば，いざという時に資金が払われるため，支払期間が多少長くても取引限度を超過していても安心である。

　L/Cも保証取引の一種といえるが，回収が困難である等の輸入者の状況を証明する必要もなく，書類を提出したら数日内または期日に支払がなされる点でより優れた回収手段といえる。

　こうした保証取引の留意点は，通知義務があること，免責事項があること，保険の場合には一部自己負担割合があることだ。

　日本貿易保険の場合，決済期限に一部でも入金がなされなかった場合，決済期限から45日以内に損失等発生の通知をしなければならない。こうし

た所定の通知事項を失念していると，保険金が下りないこともありうる。また，保険金は，貿易一般保険での取引先の倒産や3ヵ月超の支払遅延の場合には90％の支払に留まり，10％は損失が発生する。

　さらに国際ファクタリングの場合は，カントリーリスクを原因とする不払いは免責となり，ファクター会社からの補償金は下りない。

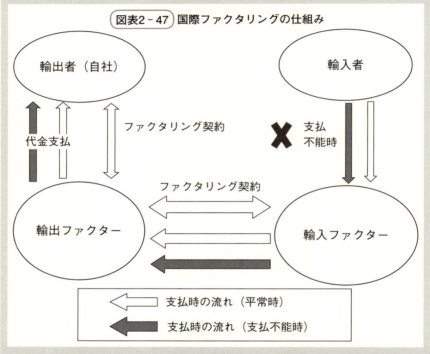

図表2-47 国際ファクタリングの仕組み

- 平時は輸入者→輸入ファクター→輸出ファクター→輸出者という流れで代金が支払われる。
- 輸入者または輸入ファクターが代金を支払えない場合には，輸出ファクターが代金を支払う。
- 国際ファクタリングを導入すると以下の効果が期待できる。
　―決済は送金で行われるため，面倒な書類作成は不要。

―輸入者に対し，現地の輸入ファクターが債権の取立てをするため，輸入者の支払の優先度が高まる。

―カントリーリスクの不払い以外は，輸出ファクターが代金を支払う。

② 債権売却取引（ノンリコース）

売掛金や受取手形を売却する取引である。リスクヘッジ手段として有効なのはノンリコースの取引である。

ノンリコース取引とは，売却した後は（自社に契約不履行等の問題がない限り）代金を返還することがない取引をいう。

ちなみに，リコース取引というのは，売掛金や手形の期日に代金が入ってこない場合には受け取った代金を返すことを求められる。支払期日まで資金を借りていて，期日に販売先より入金された代金でその資金を返済する取引に近い。このようにリコース取引では，販売先が代金を支払わない場合，資金を返さなければならず，代金回収のリスクヘッジにはならない。

債権売却取引（ノンリコース）のいいところは，代金を受け取ってしまえば，通知をする必要もないし，保険や保証の請求をする必要もない点にある。免責事項に引っかかる心配もないし，自己負担分とされて一部の代金が回収できないこともない。

要は，債権売却取引（ノンリコース）に成功すれば，その売掛金や手形は回収できたものとして忘れてしまって構わないということになる。実際，会計上も売掛債権をオフバランスにすることが可能なケースが多い。

いずれにせよ，回収できるので，取引限度がその分空くことになり，限度超過の問題は解消する。支払期間が長くても代金は売却時に入ってくるため，まったく問題ない。

残る義務は，問題のない商品を納期どおりに納めるといった，通常の商取引で必要なことだけである。

債権売却取引の唯一と思われるデメリットは，支払金利が発生すること

だ。金利は取引通貨の金利になるため，円金利よりも高くなることが多い。資金が必要なら，通常は円での銀行借入れのほうがコストが安くなる。

ただ，別の思わぬメリットがある。**それは為替リスクがなくなることだ。**外貨建ての売掛債権を持っていると，それだけで為替変動にさらされる。

実際に起こりうる設例を使って見ていくことにしよう。まず，売掛債権を売却せず，期日に入金になるのを待つ場合は次のようになる。

【設例1】

売掛債権を売却せず，支払期日に回収		為替相場
4月30日	100,000米ドル 支払期日：6月30日の売掛金発生	110円
6月30日	100,000米ドル　代金回収	108円

この場合，110円で発生した売掛金を108円で回収したことになるため，2円の為替差損が発生する。100,000米ドル×2円＝200,000円の損失が発生する。

もし，4月30日に売掛金を売却したらどうなるだろうか？

【設例2】

売掛金を売却		為替相場
4月30日	100,000米ドル 支払期日：6月30日の売掛金発生	110円
	同日，100,000米ドルを売却し，円貨で入金	110円

売掛金発生時の為替相場で売却，円貨で入金するため，為替差損は出ない。

6月30日までの米ドル金利支払はあるが，為替変動に悩まされることはなくなる。

第2章　海外企業の債権管理／与信管理　　87

　このように，取引限度を超過したり取引条件が合わなかった場合も，リスクヘッジ手段さえ導入できれば，十分に取引をすることは可能である。取引拡大にはリスクヘッジ手段の研究が不可欠である。

　なお，個別のリスクヘッジ手段の詳細については**第4章**で説明する。

図表2－48　保証取引と債権売却取引

リスクヘッジ手段	特　徴
保証取引	・取引先から代金が回収できなかった際に保険金や補償金が下りる。 ・いざという時に資金が払われるので，限度超過や支払期間が長くてもリスクは小さい。 ・通知義務や免責事項，自己負担割合といった留意すべき制約がある。
債権売却取引 （ノンリコース）	・売掛債権をノンリコースで売却 ・債権を売却してしまえば，回収済みと考えることが可能 ・売却時に回収できるため支払期間が長くても対応でき，売却した分は取引限度も空く。 ・（副次的な効果として）為替リスクも解消する。 ・取引通貨の金利が掛かる（円金利より高くつくことが多い）。

5 | 典型的な不適切な取引とその回避方法

　信用度を調査し，適切な取引条件を設け，取引限度内の取引を行っていたとしても，危険な取引がある。**循環取引をはじめとする不適切な取引だ。**

　こうした取引は，売掛債権の管理の枠組みを巧みにすり抜けることも可能だ。取引限度を超過しそうになれば，別の取引先を立てる。支払期限を超過して不良債権化しそうになれば，回収し再度販売したことにする。

　実は，日本企業の海外子会社でも多くの不適切な取引がなされている。

　不適切な取引はどのように行われ，それを防止するにはどうすればよいか，述べていこう。

（1）循環取引

　商品を循環させることで，売上を増やす取引である。よく使われる取引で，自らが仕掛ける場合もあれば，知らないうちに巻き込まれていることもある。

　資金繰りに困っている取引先がある場合，本取引で資金を付けてあげることができる。**取引先に資金を付ける際に金利を取ることで，自社の利益を増やすこともできる。**

　自ら仕掛ける場合のパターンは次のようになる。

　海外子会社が複数の取引先（AとB）と共謀して，循環取引を持ち掛ける（図表2-49）。

---

① 海外子会社が取引先Aから即金で商品を仕入れ，取引先Bに支払期間90日で販売する。

② 取引先Bは90日後に商品を取引先Aに販売，その販売代金で海外子会社に①の商品代金を払う。

　取引先Aが資金繰りに困っている会社であり，同社は本取引で90日間の資金繰りを付けることができる。なぜなら，①の取引にて即金で商品代金が入って

きて，②の取引で90日後にその資金を返せばいいからだ。

取引先Bは，90日後に取引先Aから受け取った代金を，そのまま同日に海外子会社に払えばよい。何も資金負担はない。取引先Bは本取引で仲介手数料を受け取る。

海外子会社は，資金繰りを付けてあげた取引先Aから金利として多少の売買収益（仕入値引き）を受け取る。すなわち，売上と利益双方が増えることになる。

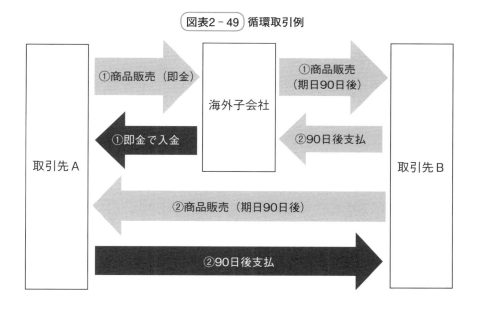

図表2－49　循環取引例

このように，関係者全員が何らかの便益が得られる仕組みであり，売上および利益の目標に追われている会社と資金繰りに不安のある会社があると，成立しやすい。

この取引の恐ろしい点は，海外子会社にとって売掛金の対象先はあくまで取引先Bであることである。資金繰りに困っている取引先Aは仕入先に過ぎない。取引先Bが優良企業であれば，支払期間を多少長めにしても問題ないし，信用

度に応じた取引限度も大きくできる。

　取引先Bは「何のリスクもない仲介手数料を受け取る取引だ」と持ち掛けられると，日頃の海外子会社や取引先Aとの関係から，断れない。実は，多くの循環取引は，取引先Aと取引先Bの株主が同じ人物であったり，社長同士が親族関係にある等，何らかの関連がある。

　実際の循環取引は，取引先がAとBだけではなく，実態をわかりづらくするために，より多くの会社を巻き込むことが多い。こうなると，巻き込まれて仲介手数料をもらうだけの取引先は，循環取引であることも気が付かずに取引に参加してしまうことも十分にありうる。

（2）クレジットノートを利用した取引

　これは売掛金の取引条件違反や期日超過をごまかし，売掛金を回収したことにして消し込んでしまう取引である。「売掛金の管理がなっていない」と，本社や関連部署から処罰を受けるのを回避するために行われる。

　この取引は，クレジットノート（不良品や請求の誤りの際に発行する返金票）を使い，海外子会社内の事務処理で完結させる。

---

① 　インボイスを発行，売上を計上する。

② 　支払期日が到来したら，クレジットノートを発行し，売掛金を消し込む。

　　クレジットノートは複数枚に分け，目立たないようにする。

③ 　同時に複数枚のインボイスを発行，合計で同額になるようにする。

④ 　以降②と③を繰り返す。この際に，クレジットノートや新しいインボイスは取引先に送付しない。

　こうすることで，**たとえば支払期間を30日と設定すべき販売先にも90日の支払期間を許容することができる。**また，90日後に支払がなされなくても実際の支払がなされるまで，支払遅延債権とせずに待つことができる。

第2章　海外企業の債権管理／与信管理　**91**

図表2-50 クレジットノートを利用した取引例

4月30日	5月30日	6月30日	7月30日
売上100	売上取消し100	売上取消し100	売上取消し100
	売上100	売上100	売上100

インボイス
100

クレジット
ノート▲40

クレジット
ノート▲60

新インボイス
30

新インボイス
70

クレジット
ノート▲20

クレジット
ノート▲50

クレジット
ノート▲30

新インボイス
3件合計100

クレジット
ノート4件
合計100

新インボイス
4件合計100

（3）押し込み販売

売上目標を達成するために，取引先に協力してもらい数字を作る取引である。

取引先が販売できる数量以上に商品を売ったことにし，商品は移動せず海外子会社の簿外在庫で抱える。

---

① 取引先が販売できる数量以上に商品を販売する。
② 取引先は商品をさばき切れないため，売れ残った商品分の支払は猶予する。
③ 取引先が抱えきれない商品は出荷せず，海外子会社の外部倉庫等で保管する。実態的には海外子会社の簿外在庫である。

この取引は，売上を増やすとともに，在庫の名義は取引先になるため在庫も

縮小する。支払猶予を行う点が問題だが，これも前述のクレジットノートを利用した取引を組み合わせれば，わからなくすることができる。

また，期末に押し込み販売をし，売れ残った商品は不良品だったとして，買い戻すといった取引も横行している。この場合は，支払猶予は発生せず，売上目標は達成，期末在庫も縮減と，理想的な決算書が作れる。

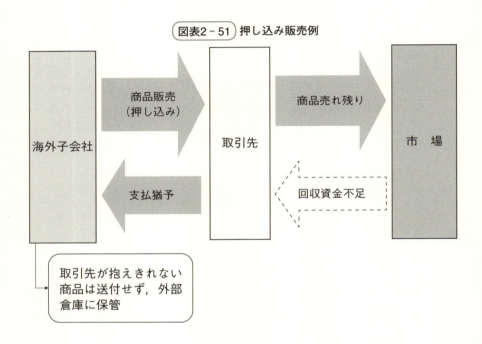

図表2-51 押し込み販売例

（4）取引先振出の手形を割り引くことによる資金融通

この取引も売掛金の支払遅延を回避し，健全な海外子会社経営をしているように見せかけるものである。 資金繰りに困っている取引先を支援し，売掛金を消し込む。不良債権の延命措置を施しているといえる。

① 取引先から手形で商品代金を回収する。

② 手形を銀行で割り引いてもらい，代金を受け取る。代金が入金記帳されるので，売掛金をいったん消し込む。

③ この資金を取引先に貸し付ける。取引先は，期日にこの資金で手形の期日決済を行う。取引先への貸付金は売掛金として記帳する。

④ ③で発生した売掛金を消し込むために，取引先が手形を振り出す。海外子会社は手形を銀行で割り引いてもらい，代金入金とともに売掛金を消し込む。

⑤ 以降は③④を繰り返す。

海外子会社は売掛金を定期的に回収しているように偽装できる。

図表2-52 取引先振出の手形割引による資金融通

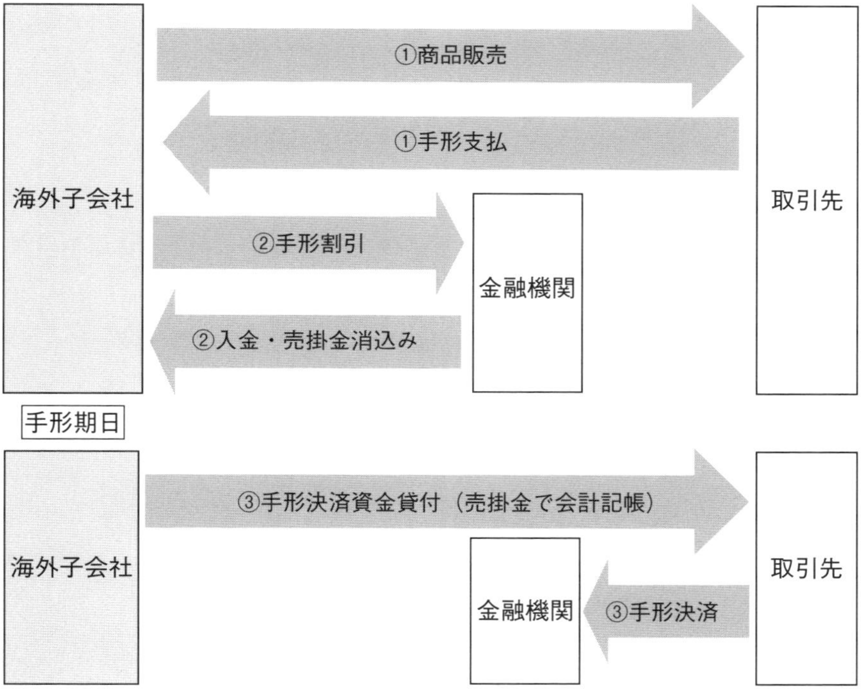

（5）実態のないファクタリング

この取引は売掛金は取引先が登場しない取引で，架空売上と自社の資金繰りのために行われるものである。

① ファクタリング枠の空いている取引先宛てに架空の売上を計上し，インボイスを発行する（取引先には送付しない）。
② このインボイスを使い，金融機関にファクタリング（売掛金の売却）を申し込む。金融機関はインボイス代金を先払いする。
③ インボイスの支払期日に，海外子会社は売掛金を回収したものとして，何らかの別の手段で調達した資金を金融機関に支払う。

一連の行為で，売上が増加し，支払期日までの資金調達ができる。

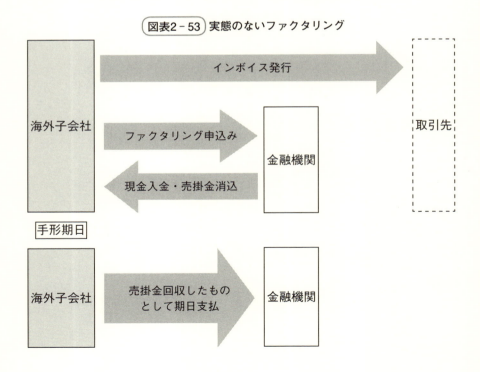

図表2-53　実態のないファクタリング

第2章　海外企業の債権管理／与信管理　　95

（6）不適切な取引の防止策

　不適切な取引はなぜ起こるのだろうか？　まず，その動機を整理したうえで
防止策を考えてみたい。

①　不適切な取引の動機

　これまで見てきたように，**不適切な取引の動機は売上や利益を拡大させたり，
支払遅延債権や在庫を隠したりすることで，会社の実態をよく見せようとする
ためだ**。関連して，経営者の報酬を増やす，または維持する目的もある。

　第1章でも記述したように，売上高と利益額だけであれば，信用度の低い，
資金繰りの厳しい取引先との取引を増やすことで目標は達成できる。

　ただ，資金繰りの厳しい取引先との取引を増やしていくと，遅かれ早かれ支
払遅延が起きるようになる。通常，企業は支払遅延債権の管理（Aging管理）
を行っているため，支払遅延が発生すると減給等の処罰を受けるリスクがある。

　この支払遅延債権を隠すために，売掛金をクレジットノートや金融機関から
の資金調達で消し込む。

図表2-54　不適切な取引とその動機

事　例	動　機
循環取引	売上と利益の拡大 資金繰りの厳しい取引先の支援
クレジットノートを利用した取引	支払遅延債権の隠ぺい →処罰等の回避
押し込み販売	売上の拡大 在庫の圧縮
取引先振出の手形割引による資金融通	支払遅延債権の隠ぺい →処罰等の回避
実態のないファクタリング	売上拡大 自社の資金調達

② 不適切な取引の防止策

このように，売上高と利益額の目標および支払遅延債権の管理だけでは不適切な取引は防げない。むしろ，その動機を与えてしまうとさえいえる。

多くの不適切な取引には，資金繰りの厳しい取引先が関わっている。このため，資金繰りの厳しい取引先との取引を制限すれば，大半の不適切な取引は回避できる。まず，**最初の防止策は，第1章で述べたような「格付けごとの債権分布表」を提出させること**，さらに可能であれば，予想貸倒損失控除後の利益を目標にすることである。

資金繰りの厳しい取引先との取引は評価されない，むしろ予想貸倒損失控除後の利益がマイナスになり，マイナス評価になることさえありうる。こういう形にしておけば，自然と資金繰りの厳しい取引先との取引は回避するようになる。

ただ，前述の循環取引は，資金繰りが厳しいのは仕入先であり，海外子会社は優良先向けの売上を計上，仕入先から金利収益を稼いでいる。すなわち，仕入先の信用度も確認する必要がある。**仕入先の信用度が低く，かつ販売先と関係があるようであれば要注意だ。**よく取引内容を精査する必要がある。

仕入先の調査は，安定的に商品の供給を受けられるか，品質に問題がないかといった観点でも重要である。仕入先が破綻してしまったら，商品供給はストップするし，資金繰りが厳しければ品質を落とされる可能性もある。

上記以外にもさまざまな対応策がある。不適切な取引の早期発見につながる対応策と，不適切な取引の発生を防止する策に分けて紹介する。

【不適切な取引の早期発見につながる対応策】
➤ 本社役員等の営業担当者以外の第三者が大口取引先と定期的に面談

営業担当者以外の第三者，特に海外子会社の目標と関係ない立場にいる本社役員等が取引先と直接面談する。面談時には，取引状況を確認する。

不適切な取引をしている場合，実態がないため，商品内容や取引条件等をヒアリングしていくうちに話がかみ合わなくなることが多い。特に循環取引にお

ける優良先への販売の場合，優良先には仲介手数料として，販売の割引等が行われている。価格をヒアリングすることで不適切な取引が発覚する可能性が高い。

また副次的に，大口取引先との接点が増えるため，親密化が進み，取引拡大が図れる効果も期待できる。

➣ 大口取引先と売掛金残高の確認

取引残高明細書（Statement of Account）を活用し，大口取引先と売掛金明細の突合をする。

循環取引における優良先は書類上間に入るだけで，担当者のみで処理をし，会計記帳すらしていないことがある。**実際に取引先が認識していない買掛金があったことで，循環取引が発覚したケースがある。**

また副次的に，売掛金残高の確認は，債務の存在確認と期日の入念になるため，早期の代金回収を促進する効果がある。

➣ 取引開始時および定期見直し時／限度増額時の申請書に取引内容を記載

取引開始時および定期見直し時や限度増額時の申請書に取引内容を記載させ，不自然な点がないかを本社や子会社の審査担当等第三者の目で確認する。

申請書に仕入先から，最終販売先までの取引内容を記載させる。**仕入先と販売先双方に同じ取引先またはその関連会社が出てくる場合は，循環取引を疑い精査する。**

➣ 取引限度の増額や支払期間の延長については理由を精査

取引残高や支払期間の延長の理由を精査し，その根拠が薄い場合は，循環取引等で他の取引先の資金繰り支援に使われている可能性があるので，よく精査する。

➤ 取引先クレームの受付部署の一元化

　循環取引等では，間に入って手数料を受け取っている会社が不審に思い，クレームや照会をしてくることがある。**このクレームを担当者が受けてしまっては，うまく辻褄を合わされてしまう。**

　取引先からのクレーム受付を管理部門の特定部署に一元化することで，不審な取引を見つけ出す。

【不適切な取引の発生を防止する策】

➤ グループ企業の管理

　不適切な取引では，限度超過を免れるため，グループ企業との取引に移行するケースがある。取引先を審査する際に，**株主や主要役員を確認し，実質的な同一取引先を紐付けて合算で限度管理をする必要がある。**

➤ 人事異動

　不適切な取引は，取引先との癒着した関係から始まることが多い。このため，営業担当者を定期的に異動させることで，そうした関係を築かせないようにする。

　さらに**不適切な取引は，業績維持のために現場トップが関与することもある**ため，現場トップも定期的に異動させる必要がある。

　異動時に不適切な取引が発覚することもあり，有効な対策となる。

➤ 子会社の余剰資金の管理

　不適切な取引では，資金繰りの厳しい取引先のために資金を付けてあげる取引が多い。**これが可能なのは，海外子会社が余剰資金を持っているから**ということもある。そこで余剰資金の管理も防止策になる。次のような管理だ。

【子会社の余剰資金管理】
・子会社の余剰資金は月商の一定水準に限定する。

第2章　海外企業の債権管理／与信管理　99

- 現地借入・ファクタリング・割引等の子会社独自の調達手段を利用する場合には，本社の承認を必要とする。
- 余剰資金を持つ，または独自調達する場合には，資金使途をしっかり確認し，適切に使われていることを定期的にチェックする。

➤ 会計システムによる管理

架空の売上計上をさせないために，会計システムで**物流担当の出荷指示がなければインボイスが発行されない**，取引限度を超過した場合や支払遅延がある取引先に対する自動出荷停止等の制御をすることも有効である。

➤ 支払遅延債権や未収金の回収管理

支払遅延債権やその変形の可能性がある未収金の回収は，回収担当部署が行う。**こうすることで，営業担当者が売掛金の消込みで操作する余地をなくす。**

なお，営業担当が督促するのは債権管理上有効なので，並行して督促するのは問題ない。

➤ 現金回収の回避

現金での回収は支払元が誰だかわからない。このため，優良企業からの現金回収を不良化した売掛金の消込みに充てることが可能になる。

これを防ぐために，**現金での回収を振込みや小切手等の支払にシフトさせ，支払元を特定する。**こうしておけば，本来の売掛金の消込みしかできない。

図表2-55 不適切な取引の防止策

防止策	効　果
不適切な取引の早期発見	
本社役員等の営業担当者以外の第三者が大口取引先と定期的に面談	不適切な取引の早期発見＆親密化による取引拡大
大口取引先と売掛金残高の確認	不適切な取引の早期発見＆早期の債権回収
取引開始時および定期見直し時／限度増額時の申請書に取引内容を記載	循環取引の早期発見
取引限度の増額や支払期間の延長については理由を精査	不適切な取引の早期発見
取引先クレームの一元化	不適切な取引の早期発見
不適切な取引の抑制	
信用度別の売掛債権残高の報告／予想貸倒損失控除後利益での業績管理	信用度の低い取引先で売上や利益を増やすインセンティブ消滅
グループ企業の管理	合算管理による不適切な取引抑制
人事異動	取引先との癒着による不適切な取引防止＆不適切な取引の発見
子会社の余剰資金の管理	原資をなくすことによる不適切な取引の防止
会計システムによる管理	架空売上の防止，限度超過や取引条件逸脱取引の発生防止
支払遅延債権や未収金の回収管理	売掛金の不正消込みの防止
現金回収の回避	売掛金の不正消込みの防止

コラム　リスクヘッジコストを価格に転嫁する販売手法

　いろいろな企業にお邪魔していると，時々「こういうやり方もあるのか！」と感心させられることがある。

　ある企業は，この取引先は代金回収リスクがある，この国向けの取引はカントリーリスクがあるといった場合に，次のような手法を取っていた。

---

　①　金融機関等にリスクヘッジが可能かどうかと，そのコストをヒアリングする。
　②　ヘッジが可能であれば，コストを取引先の販売価格に上乗せする。
　③　取引先が販売価格に合意したら，取引を開始する。

　本取引は，ヘッジが付いているため，リスクはほぼない状態になっている。そのうえ，ヘッジコストは取引先に転嫁している。

　結果として，ノーコストかつほぼノーリスクの状態で，通常はリスクがあって取引できない取引先に販売ができるのである。ヘッジが可能であれば，世界中のどのような取引先にでも販売できると考えているわけだ。

　日本製品は世界中で人気が高い。しかし，カントリーリスクの高い国への販売の場合，その国の取引先には誰も商品を販売してくれないといったこともある。こうした際に，**リスクヘッジ付きでそのコストを価格に上乗せする売り方は取引先に喜ばれる。**自社にとって未知の販路が広がるかもしれない。

　リスクがある取引先から注文が来たら，この方法を参考にされてみてはいかがだろうか。

図表2 - 56 リスクヘッジコストを価格に転嫁する販売手法例

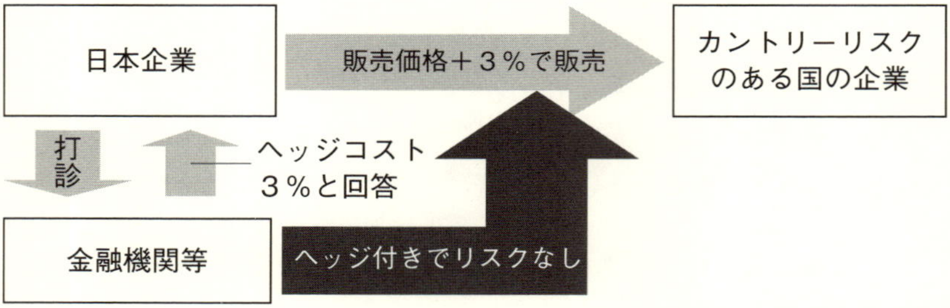

日本企業

販売価格＋３％で販売

カントリーリスク
のある国の企業

打診

ヘッジコスト
３％と回答

金融機関等

ヘッジ付きでリスクなし

第3章

カントリーリスクの管理

1 カントリーリスクとは？

　第2章では海外企業の与信管理について見てきたが，実はその前にしっかり管理しなければならないものがある。それはカントリーリスクだ。カントリーリスクには，海外投資や海外事業に伴うリスク，海外企業への債権回収リスクによるものがあるが，本章では次のように定義する。

> 　カントリーリスクとは，取引相手国の「経済情勢」や「政治・社会情勢」の変化により，債権の回収に支障が生じるリスクをいう。

　カントリーリスクの恐ろしいところは，国家規模で起きるため，その国所在の全取引先向けの債権回収に支障が生じる点にある。優良企業だと思って売上を増やしていた取引先群の売掛金がすべて回収できなくなるため，思ってもみないような多額の損失が発生する。

　カントリーリスクの恐ろしい点はそれだけではない。**カントリーリスクは連鎖するのだ。**2000年前後に世界のさまざまな国でカントリーリスクが発現した。その遠因は1994〜95年にかけて行われた米国の利上げで，世界に回っていた資金が米国に還流したことにあるといわれている。体力のない新興国が続々と対外支払（海外への支払）停止や通貨の暴落に陥った。

　図表3-1のようにカントリーリスクは，2000年前後にアジア諸国，ロシア，ブラジル，トルコ，アルゼンチンと世界中で発現した。こうした危機の連鎖は経済のグローバル化が進展するに伴って，より頻繁に起きる可能性がある。カントリーリスクが発現すると，国が支払を止めてしまうため，いくら取引先に督促しても資金は払われない。L/C取引ですら，L/C発行銀行が現地銀行であれば，決済はなされない。起きてからでは，できることは限られる。

　では，カントリーリスクの発現は予測できないのだろうか？

　カントリーリスクの発現は，流行り病と似ている。病原菌のような外的なショックに耐えられない，体力のない国が発病する。体力がある国，すなわち

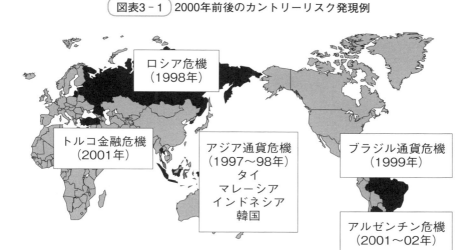

図表3-1 2000年前後のカントリーリスク発現例

しっかりとした経済基盤があり，政治や社会も安定している国では抵抗力もあり，カントリーリスクは発現しない。

よって，**カントリーリスクという病にかかるかどうかは，国に体力があるかないかを分析することで予測できる**。どのように分析をするのか，見ていくことにしよう。

2 カントリーリスクの分析方法

カントリーリスクについては，格付会社や保険会社等が評価指標を出している。まずはそれぞれの評価目的を踏まえつつ，指標を比較してみよう。

(1) カントリーリスク評価指標

① 格付機関の格付け

さまざまな格付機関がカントリーリスクの分析をしている。S&PやMoody's，Fitchといった米国勢，日本だと日本格付研究所（JCR）や格付投資情報セン

ター（R&I）が代表的な格付機関だ。

　よく利用される指標だが，留意すべき点がある。それは，評価の目的が「その国が発行している債券＝国債が安全かどうか」を判断するためにあるということだ。このため，国債を発行していない国（新興国に多い）の格付けは算出されない。

②　貿易保険会社のカントリーリスク評価

　日本貿易保険（NEXI）や外資系保険会社各社が，自社の保険の付保や料率の決定のために利用しているカントリーリスク評価を開示している。代表的な外資系保険会社はCoface, Euler Hermes, Atradiusの３社である。**こうした保険会社は国の政治・経済分析に加え，保険金の支払状況も重要な要素として評価している。**リスク評価の対象は，国に加え，保険対象となるその国所在の企業であり，ほぼすべての国が評価対象になっている。

　なお，日本貿易保険のカントリーリスク評価は，OECD（経済協力開発機構）カントリーリスク専門家会合における国ごとの債務支払状況や経済・金融情勢等の情報に基づく議論の結果決定されるものをもとに，決定されている。

③　クレジットデフォルトスワップ（CDS）

　クレジットデフォルトスワップとは，国や企業が発行している債券の債務不履行リスクのヘッジ手段として売買される金融商品だ。対象国の国債のクレジットデフォルトスワップをフォローすることで，その国のカントリーリスクの変化がわかる。一般的には，カントリーリスクが高まるとレートも上昇する。ただ，国債の銘柄によっては市場の取引量があまりなく，信用度よりも需給動向で価格が大きく変動することがある。

　このため，利用する場合には３ヵ月や６ヵ月の価格の平均値をフォローする等で，変動をならす工夫が必要になる。

④ 為替レート

カントリーリスク指標ではないが，為替相場はその国の経済状況を如実に反映する。国が不安定な状況になると，その国の通貨も売られる。また，通貨が大きく売られると，その国の経済は目に見えて悪化する。

為替レートはさまざまな要素を予想し毎日変動するため，先行指標にもなる。**その国の通貨が数ヵ月で２～３割下落するようであれば要注意だ。**輸入品の価格が上昇し，国民生活は悪化する。海外から借りている米ドル等の債務の負担がその分重くなり，返済に懸念が出てくる。貿易収支が赤字になる等，さまざまな問題が噴出する。この状態が続くか，さらに通貨が売られるようだと，その国は対外支払停止に踏み切らざるを得なくなる。

図表3-2 カントリーリスク評価指標

カントリーリスク評価指標	特　徴
格付機関の格付け	代表的な指標。国債が評価対象となっており，国債を発行していない新興国は格付けがない。
貿易保険会社の評価	国の政治経済分析に加え，保険金の支払状況を反映。評価対象は国とその国所在の企業であり，ほぼすべての国に評価指標が付く。
クレジットデフォルトスワップ	国債の信用度の変化を把握。ただし，需給動向に左右されるため，３～６ヵ月の価格の平均値をフォローすべき
為替レート	その国の経済状況を反映。対象国の通貨が数ヵ月で２～３割下落した場合には要注意

（2）カントリーリスクを予兆する経済指標

カントリーリスクには，「経済情勢」によるものと「政治・社会情勢」によるものがある。経済情勢によるものとは，経済が破綻し国債をはじめとする海外からの借入れの返済や輸入債務の支払が不能になるリスクをいい，これまで

にアルゼンチンやロシア等で起きている。政治・社会情勢によるものとは，戦争や内乱，革命等で債務免除を求めざるを得ない状況に陥るもので，イラク等で発生している。

　　実は，国の経済指標をよくウォッチすることで，経済情勢によるカントリーリスク，政治・社会情勢によるカントリーリスクを予兆することが可能だ。

　　また，カントリーリスクと直接関係ないが，経済指標には「この国でどのようなものが売れそうか」目安を付けられる便利な指標もある。

　　本章ではそうした指標を紹介し，その直近の指標を分析することで現在の世界各国のカントリーリスク度を見ていきたい。

（3）経済情勢によるカントリーリスクの兆候を示す経済指標

　　経済が破綻して，国債をはじめとする海外からの借入れの返済や輸入債務の支払が不能になるカントリーリスクについて，この兆候はどの指標で見出せばよいのだろうか？

　　重要な3つの指標をご紹介したい。

①　経常収支

　　外貨を稼ぐ力を示す。**マイナス（赤字）が続くと外貨がどんどん外に出て行ってしまうため，危険な兆候といえる。**企業の決算書にたとえると，営業キャッシュフローに相当する。

　　経常収支は，「貿易収支＋サービス収支＋第一次所得収支＋第二次所得収支」で計算される。

　　貿易収支は，輸出金額から輸入金額を差し引いたものである。

　　サービス収支は，国をまたぐサービス取引での受取りから支払を引いたもので，日本が最近訪日外国人の増加で黒字化した旅行収支，ロイヤルティの受払い，国際輸送運賃の受払い等が含まれる。

　　第一次所得収支は，海外からの株式配当や貸付金の利子等の受払いが含まれる。

第二次所得収支は，無償資金援助や，フィリピン等で多い国外への出稼ぎ労働者の仕送り収入が含まれる。

留意しなければいけない点は，**経常収支が赤字だと現地通貨が売られやすい**ということである。経常収支が赤字の国の通貨は，日頃から出て行ってしまう外貨を調達するために外貨買い現地通貨売りの圧力が生じる。経常収支が赤字であればあるほどその圧力は強く，海外のファンド等も経常収支が赤字の国の通貨を売る行為に出やすい。実際，経常赤字が続くインドやインドネシア，トルコの通貨は長期的に売られ続けている。

②　短期対外債務

対外債務とは海外からの借入れ等の債務をいう。短期対外債務とは，その中で1年以内に返済期限が来るものを指す。

企業の決算書にたとえると，短期借入金に相当し，過度な短期対外債務のある国はリスクが高い。次に紹介する外貨準備高と比較して，**短期対外債務のほうが外貨準備高より大きいとリスクがあるとされる。**

過去の中南米諸国のカントリーリスク発現は，過剰な短期対外債務負担が主要な原因になっている。

③　外貨準備高

外貨準備高とは，輸入代金支払や対外債務の返済，自国通貨の下落を抑制するための外国為替市場への介入等のために，各国の中央銀行や政府が保有しているグローバルな決済に利用できる資金をいう。米ドルやユーロ，円，金，SDR（IMFからの外貨特別引出権）が含まれる。企業の決算書にたとえると現預金に相当し，多いほど安全性が高い。

②の短期対外債務との比較に加え，**外貨準備高が月間輸入額の3ヵ月分を切る（外貨準備高÷月間輸入額＜3）状況にあると危険といわれている。**企業の決算書で現預金を月商の1ヵ月分程度持つというものがあるが，それに類似した考え方で，何かあった際に「3ヵ月分くらいは手元資金で乗り切れるように

しておかないといけない」という考え方が背景にあるものと思われる。

アジア通貨危機は，アジア諸国の外貨準備高が十分でなく，通貨の暴落を市場介入で止められなかったのが主因といわれている。

前述のとおり，短期対外債務が外貨準備より大きいのはリスクがあるとされるが，実は日本やドイツは短期対外債務が外貨準備を上回っている。こうした国々は次の2つの理由からリスクは小さい。

- 日本は円，ドイツはユーロというグローバルな決済に利用できる自国通貨を持っている。いわば自国通貨を外貨準備として利用できる状態にある。すなわち，自国通貨がドル，円，ユーロといった国際通貨である国は外貨準備高が小さくても問題ない。
- 短期対外債務が多くても，それを上回る対外債権があれば問題ない。日本のように米国債等の外国債券の購入や海外子会社宛ての投資をしている国は対外債権も大きい。主要国では対外債権と対外債務の状況を把握するために，対外純資産という指標を公表している。対外純資産は次の算式で計算される。

対外純資産＝対外資産－対外負債

対外純資産がプラスであるということは，基本的に対外負債＊の中に含まれている対外債務をすべて返済してもおつりがくる状態にあるということである。

＊対外負債には対外債務のほか，株式や金融派生商品等が含まれる。

日本やドイツは世界有数の対外純資産の大きい国であり，この点でもまったく問題ない。

このように自国通貨が米ドルやユーロ，円といったグローバルな決済に利用できる国（米国やユーロ圏諸国，日本）は，自国通貨で輸入の支払ができるため，外貨準備高が月間輸入額の3ヵ月分を切っていても問題ないし，短期対外債務より小さくても問題ない。

同様に対外純資産がプラスの国もカントリーリスクの問題はないといえる。

p.120以降の各国別の分析では，「外貨準備高－短期対外債務」がマイナスで対外純資産がプラスの場合に，安全性を確認する指標として対外純資産の金額を追記することとしたい。

図表3-3 経済情勢によるカントリーリスク関連経済指標

経済指標	危険な状態	決算書にたとえると？
経常収支	経常収支＜０　（赤字の場合）	営業キャッシュフロー
短期対外債務	短期対外債務＞外貨準備高	短期借入金
外貨準備高	外貨準備高÷月間輸入額＜３	現預金

（4）政治・社会情勢によるカントリーリスクの兆候を示す経済指標

戦争や内乱，革命等で債務免除を求めざるを得ない状態に陥るリスクについて，この兆候を表す経済指標はあるのだろうか？

重要な２つの指標と，それを組み合わせた指標を紹介する。

①　消費者物価上昇率

消費者物価上昇率（インフレ率）は「経済の体温」とも呼ばれ，上がりすぎるとカントリーリスクが高まる。**10％を超えると暴動が起きやすくなり，20％を超えるといつ何が起きても不思議ではない危険水域に入るといわれている。**

消費者物価の上昇は国民の暮らしを悪化させ，困窮させる。政権への不信任につながり，高い状態が続くと政権打倒の機運が高まる。このため，内乱や革命，暴動が起きやすくなる。

②　失業率

失業率も10％を超えると暴動が起きやすくなり，20％を超えると危険水域に入るといわれている。

働きたい者が働けず貧困にあえいでいる状況は，政府の不信任につながり，潜在的に溜まるフラストレーションは小さなきっかけで容易に暴発する。

③　悲惨指数

消費者物価上昇率と失業率を足したものを悲惨指数（Misery Index）と呼ぶ。米国の経済学者アーサー・オークンが考案した指標で，国民の暮らし振りの健全度の簡易診断ができる。

なお，悲惨指数は，消費者物価上昇率や失業率を毎月公表している国であれば毎月計算可能で，細かく推移を追うことができる。ただ，その計算で使う失業率は，月次や四半期ごとで比較できるように，季節要因調整後のものを使う。

消費者物価上昇率が高くなると国民の生活費は上昇し，失業率が高まると国民の一定割合の収入が途絶えることから，平均的な国民生活の困窮度合いがわかる。**10％を超えると要注意，20％を超えるとその国の政権に悪影響を与えるとしている。**

過去，悲惨指数が20％を超えた国は，（すべてではないが）実際に革命や暴動等が起きている。最近の事例として，チュニジアのジャスミン革命とウクライナのオレンジ革命，そしてフランスで頻発している政府抗議デモとの関係性について数字を追ってみよう。

【チュニジアのジャスミン革命】

2010年以降に中東および北アフリカ諸国で相次いで民主化運動が起きた。この民主化運動は「アラブの春」と呼ばれている。

その発端となったのが2010年12月に起きたチェニジアのジャスミン革命である。チュニジアの当時の悲惨指数を追ってみよう。チュニジアの悲惨指数は高止まりこそしているが，おおよそ15〜20％の間で推移していた。ところが2011年に悲惨指数が21.9％と20％を突破した。その主因は失業率で，この年は18.3％にも達していた。

なお，チュニジアではその後政変は起きていない。これは悲惨指数が2012年

第3章　カントリーリスクの管理　113

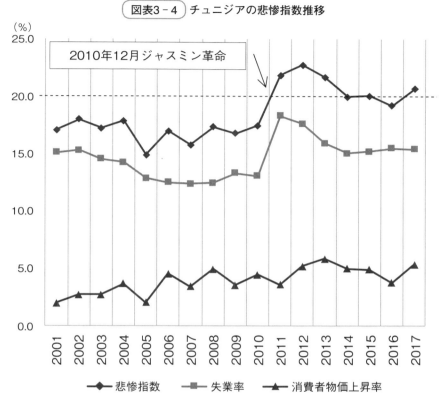

図表3-4　チュニジアの悲惨指数推移

（出所：世界銀行）

以降低下傾向にあり，特に国民の不満の原因であった失業率が低下傾向にあるからだと考えられる。

【ウクライナのオレンジ革命】

　ウクライナでは2004年12月にオレンジ革命と呼ばれる政変が起き，ユシチェンコ大統領が就任した。ただ，ウクライナはチュニジアと異なり，オレンジ革命後も混乱が続き，オレンジ革命で追われたヤヌコーヴィチ氏が2010年に大統領に返り咲くといった揺り戻しが起きた。ヤヌコーヴィチ氏が返り咲いても混

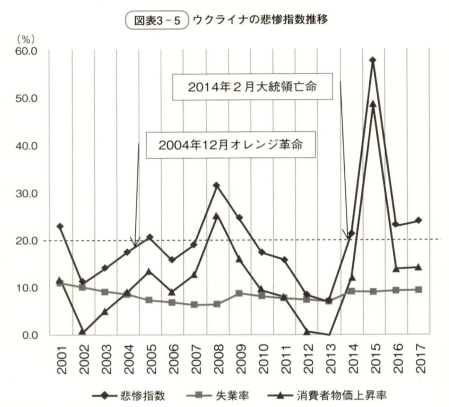

(出所:世界銀行)

乱は続き,2014年2月に再び大規模な騒乱が起きた結果,同氏は亡命した。
　この間の悲惨指数を追いかけてみよう。悲惨指数はオレンジ革命当時の2005年に20.7%に上昇した。その主因となったのは物価上昇率で,13.6%に達した。
　悲惨指数はオレンジ革命後にいったん20%を切ったものの,2008年に再び20%を超えて31.6%まで上昇した。これが,革命政権が崩壊しヤヌコーヴィチ氏が大統領に返り咲いた原因と考えられる。再任された2010年に悲惨指数は20%を切り,同国は安定するかに思われたが,2014年に再び20%を突破,再び大規模な騒乱が起きる原因になった。

ウクライナの場合には，物価上昇率が抑えきれないと政変が起きるといった様相を示しているといえる。

【フランスでの暴動】

2018年11月からフランスで黄色いベスト運動という政府抗議デモが激化している。その原因を悲惨指数で探ってみたい。

フランスの悲惨指数は2010年以降10％超で高止まりしている。その主因は失業率である（図表3-6）。**厄介なのは，15～24歳の若年層の失業率が2009年以降22％近辺でずっと高止まりしている点だ**（図表3-7）。若者の政府に対する不満が暴発しやすい状況が続いているといえる。

ただ，フランス全体の悲惨指数は20％を超えていない。このため，革命や政変が起きるところまでは行かず，暴動に留まっているという見方もできる。

政治・社会情勢によるカントリーリスクは，大規模な騒乱も起き，ビジネスをできる環境ではなくなる点で，経済情勢によるカントリーリスクよりも深刻であり，その後に経済情勢も追随して混乱する可能性がある。

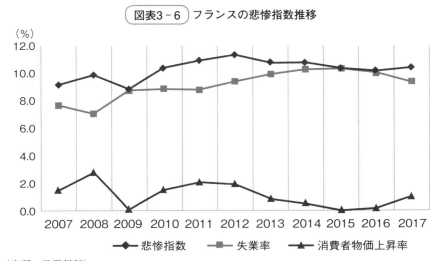

図表3-6　フランスの悲惨指数推移

（出所：世界銀行）

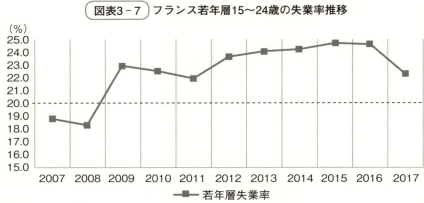

図表3-7 フランス若年層15〜24歳の失業率推移

(出所：世界銀行)

　こうした観点から，悲惨指数が高い国，特に20％を超えている国は，いつ何が起きるかわからない，カントリーリスクの崖っぷちにあると考えておいたほうがよいかもしれない。

図表3-8 政治・社会情勢によるカントリーリスク関連指標

経済指標	危険な状態	国民生活
消費者物価上昇率	10％超は要注意，20％超は危険	生活費上昇
失業率	10％超は要注意，20％超は危険	失業者は収入激減
悲惨指数	10％超は暴動，20％超は革命や政変のリスクが高まる。	生活費上昇＋失業者の収入激減→社会不安に直結

（5）どのようなものが売れるかの目安になる経済指標

① 1人当たりGDP

　1人当たりGDPは，その国の生活水準を教えてくれる指標である。算出方法はGDPを人口で割ったもので，容易に計算できる。こうしたデータはJETROのウェブサイト（各国・地域データ比較）や世界銀行のウェブサイト

（Data Bank World Development Indicators）から取得できる。

1人当たりGDPには一般に次のような傾向がある。

- 1,000ドル～3,000ドル：消費勃興期

  1,000ドルを超えると消費が始まり生活必需品が売れる。テレビやバイクが売れ始める。

- 3,000ドル～1万ドル：消費拡大期

  3,000ドルを超えると，本格的な消費拡大期に入る。自動車をはじめ，さまざまな耐久消費財が売れ始める。

- 1万ドル超　　　　：消費成熟期

  成長が鈍化し，なかなか2万ドルを超えられない。これを中進国の罠という。その理由は，耐久消費財の多くが買い揃えられ，需要が一巡するため。一方で贅沢品や付加価値の高い商品が安定的に売れる。

その国がどの水準にあるかを見ておくことで，どの国のマーケティングに注目すべきかあたりをつけることができる。

たとえば，1人当たりGDPが1,000ドルを超えたあたりから廉価な商品でマーケティングを仕掛け，ブランドを浸透させる。3,000ドルを超えたところで主力商品を投入，拡販できる態勢を作っておく等だ。

② 国全体と都市部の1人当たりGDPの差異目安

1人当たりGDPでマーケティングのあたりを付ける際に，1つ留意点がある。**それは，アジアの多くの国で1人当たりGDPの水準が国全体と都市部で大きく異なることだ。**日本や韓国，香港，シンガポールといった国を除くと，アジア諸国は1人当たりGDPが1,000ドル～1万ドルと発展途上にある国が多い。

そういった国々は，まず都市部が発展し，遅れて国全体が発展する傾向がある。

このため，都市部の1人当たりGDPは，国全体の1人当たりGDPの1.5～2

倍の水準にある。たとえば，中国全体の1人当たりGDPは9,000ドル程度だが，上海は約1万8,000ドル，タイの1人当たりGDPは約7,000ドルだが，バンコクは約1万4,000ドルといった感じになる。両国は，国全体は消費拡大期だが，都市部は消費成熟期なので少し贅沢なもの，付加価値の高いものを販売する段階に入っている。同様にベトナム全体の1人当たりGDPは2,000ドル程度で消費勃興期にあるが，ホーチミンの1人当たりGDPは4,000ドルを超えて消費拡大期にあるため，本格的にマーケティングをかける段階に到達している。

　なお，すでに国自体が成熟期に入っている場合は，都市部と国全体の1人当たりGDPの差異はあまりない。たとえば，日本の1人当たりGDPは3万8,000ドルだが，東京も4万4,000ドルに過ぎない。

　このため，**図表3-9**のような目安でマーケティングをすることをお勧めしたい。なお，消費拡大期は幅があるので，便宜上前期と後期に分けている。

図表3-9 1人当たりGDP—都市部の目安

国全体の1人当たりGDP	都市部の1人当たりGDPの目安
1,000ドル～3,000ドル：消費勃興期	3,000ドル～1万ドル：消費拡大期
3,000ドル～5,000ドル：消費拡大前期	5,000ドル～1万ドル：消費拡大後期
5,000ドル～1万ドル：消費拡大後期	1万ドル超：消費成熟期
1万ドル超：消費成熟期	1万ドル超：消費成熟期 （国全体とあまり変わらない）

③　都市部人口

　併せて見ておきたいのが都市部人口である。都市は人口が集積しており，マーケティングも集中的にでき，物流網も構築しやすい。

　経済が発展していくと，第二次産業や第三次産業に従事する人の割合が増えていく。こうした産業は人を集める必要があり，都市化が進む。今後，新興国の発展に伴い，世界的に都市化は進んでいくと予想されている。

国連の調査によると，1990年時点ではアジアの1,000万人都市圏（都市の周辺の人口も含む）は東京，大阪，ソウル，ニューデリー，コルカタと5つしかなかったが，現在は東アジアでは東京，大阪，上海，北京，天津，深圳，広州，重慶と8都市，東南アジアではジャカルタ，バンコク，マニラの3都市，南アジアではニューデリー，ムンバイ，コルカタ，バンガロール，チェナイ（以上インド），ダッカ（バングラデシュ），カラチ，ラホール（パキスタン）と8都市と，アジアで19もの1,000万人都市が出現している。これがさらに2030年には，南京，成都，ソウル，ホーチミン，ハイデラバード（パキスタン），アーメダバード（インド）が加わり，25都市になる。世界全体では1,000万人都市圏は33なので，**大都市圏の4分の3がアジアに集中することになる。**

　このように国単位ではなく，都市圏単位でマーケティングを行うのも有効である。

　なお，本章では「都市部人口」を，その国で100万人以上の都市に居住している人口と定義する（このデータも世界銀行のウェブサイトで入手可能）。

図表3-10　2030年の人口集積都市圏

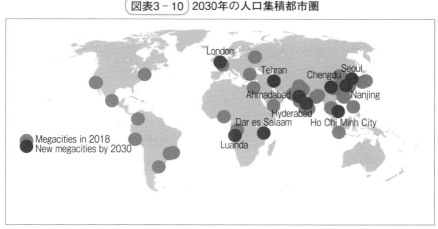

濃い●が人口1,000万人以上の都市圏を示す。
（出所：国連 The World's Cities in 2018）

Q3-1　東アジア諸国の経済指標は？

　東アジア諸国（日本，香港，台湾，韓国，中国）は成熟した国が多く，概してカントリーリスクは小さい。

　どのような経済状況なのか，どうして安全度が高いのか，経済指標を使って分析してみたい。

①　マーケティング指標

　日本，香港，台湾，韓国は1人当たりGDPが1万ドルをはるかに超えており，成熟したマーケットだといえる。都市部人口は多く，付加価値の高い商品を集中的に売っていける市場である。

　中国の1人当たりGDPは1万ドルよりわずかに低い水準にあるが，すでに都市部の1人当たりGDPはその2倍程度の水準にあり，贅沢品が売れる市場になっている。都市化も急速に進んでおり，巨大な有望市場であることは間違いない。

②　カントリーリスク指標

　東アジア諸国は各国とも消費者物価上昇率，失業率ともに低い水準にあり，政治・社会情勢によるカントリーリスクは小さい。経済情勢によるカントリーリスクもすべての国で経常収支が黒字，外貨準備高も潤沢にあり，問題ない状況にある。

　なお，日本と香港は短期対外債務が外貨準備高を上回る水準にあるが，それを上回る対外資産があり，問題ない。**日本の対外純資産（＝対外資産－対外負債）は300兆円を超えており，世界第1位の水準にある。**東アジアの5ヵ国はすべて対外純資産がプラスであり，事実上対外債務の問題はない。

第3章　カントリーリスクの管理　　121

(図表3-11) 東アジア諸国の主要経済指標

マーケティング指標　　　　　　　　　　　　　　　　　（ドル，百万人）

国　　名	日本	香港	台湾	韓国	中国
1人当たりGDP	38,430	46,194	25,004	29,743	8,827
人口	127	7	24	52	1,386
都市部人口	82	7	10	26	378

カントリーリスク指標　　　　　　　　　　　　　　　　　（%，十億ドル）

消費者物価上昇率	0.5%	1.5%	0.6%	1.9%	1.6%
失業率	2.4%	2.8%	3.7%	3.8%	4.4%
輸入額	816	639	259	577	2
経常収支	196	16	83	75	165
貿易収支	44	3	81	83	209
外貨準備高	1,264	438	465	389	3,326
短期対外債務残高	2,900	1,130	179	127	1,031

カントリーリスク指標まとめ　　　　　　　　　　　　（%，月，十億ドル）

悲惨指数	2.9%	4.3%	4.3%	5.7%	6.0%
経常収支	196	16	83	75	165
外貨準備高/月間輸入額（月）	18.6	8.2	21.5	8.1	18.1
外貨準備高－短期対外債務残高	▲ 1,636	▲ 692	286	262	2,295
対外純資産	3,102	1,294	1,539	413	2,130
S&P自国通貨建長期格付	A+	AA+	AA-	AA	A+

（出所：世界銀行，IMF，S&P）

| Q3-2 | 東南アジア諸国の経済指標は？ |

東南アジア諸国の経済指標は，先行して発展した5ヵ国（シンガポール，マレーシア，タイ，インドネシア，フィリピン）と，遅れて発展してきている4ヵ国（ベトナム，ミャンマー，ラオス，カンボジア）で傾向が異なる。このため，両者を分けて見ていきたい。

（1）シンガポール，マレーシア，タイ，インドネシア，フィリピン

① マーケティング指標

シンガポールは1人当たりGDPが1万ドルをはるかに超えており，成熟したマーケットといえる。人口は少ないが集中しており，ほぼ1万ドルに達しているマレーシアと合わせて，品質の高い商品を販売していく市場といえる。

タイとインドネシアは消費拡大期にあり，何でも売れる状態になっている。ただしタイの場合，バンコク都市圏の1人当たりGDPが1万4,000ドルと消費成熟期に入っており，都市部はより高品質なものを求める環境にある。インドネシアのジャカルタ都市圏も同様に先行して成長しているが，8,000ドル弱と未だ消費拡大期にある。

フィリピンはほぼ消費拡大期の3,000ドルに達しており，急速に消費が拡大している。マニラ都市圏が先行して成長が続いており，人口も多いことから注目の市場になってきているといえる。

② カントリーリスク指標

各国とも消費者物価上昇率，失業率共に低い水準にあり，政治・社会情勢によるカントリーリスクは小さい。なお，タイの失業率は非常に低く，カントリーリスクというよりも人手不足が問題で，他国から労働者を受け入れることでしのいでいる状況にある。

経済情勢によるカントリーリスクについては，**インドネシアとフィリピンの経常収支の赤字が懸念材料である**。特にインドネシアは経常赤字がずっと続い

ており，これが同国のアキレス腱になっている。インドネシアルピアは長期的に売られ続けているため，同国は外貨建債務（親子ローン等）に一定比率以上の為替ヘッジを義務付ける等の対策を打たざるを得ない状況にある。

これまでフィリピンは，貿易収支が赤字でもそれを上回る海外出稼ぎ労働者の本国送金があることで，経常収支を黒字化してきた。ただ近年は，輸入の拡大で貿易赤字の穴埋めがしきれない状況に陥っている。輸入の拡大は，1人当たりGDPがほぼ3,000ドルに達し，市場拡大期に入ってきているためであり，そう簡単に減りそうにない。フィリピンペソも売られやすくなっており，トレンドを注視する必要がある。

ただ，両国ともその他の指標は良好で，不安定要素はあるものの，カントリーリスクが高いという状況にはないといえる。

シンガポール，タイは経常収支も黒字で外貨準備も十分にある。マレーシアの外貨準備高は減少傾向にあるが，未だ懸念するような状況にない。なお，シンガポールは短期対外債務が大きいが，対外資産が潤沢で対外債務よりも大きい（対外純資産がプラス）ことから，まったく問題ない。企業の決算書にたとえると，借入れはあるがそれを上回る資産があり，いつでも返せる安全な状況にあるといえる。

図表3-12 東南アジア諸国の主要経済指標①

マーケティング指標　　　　　　　　　　　　　　　　　　　　（ドル，百万人）

国　名	シンガポール	マレーシア	タイ	インドネシア	フィリピン
1人当たりGDP	57,714	9,952	6,595	3,846	2,989
人口	6	32	69	264	105
都市部人口	6	7	14	35	15

カントリーリスク指標　　　　　　　　　　　　　　　　　　　（％，十億ドル）

消費者物価上昇率	0.6%	3.9%	0.7%	3.8%	2.9%
失業率	3.8%	3.4%	0.7%	4.3%	2.5%

輸入額	483	203	249	195	128
貿易収支	79	22	62	10	▲ 31
経常収支	54	9	50	▲ 16	▲ 2
外貨準備高	285	102	203	130	81
短期対外債務残高	1,122	97	58	49	14

カントリーリスク指標まとめ   (%，月，十億ドル)

悲惨指数	4.4%	7.3%	1.4%	8.1%	5.4%
経常収支	54	9	50	▲ 16	▲ 2
外貨準備高／月間輸入額（月）	7.1	6.1	9.8	8.0	7.6
外貨準備高－短期対外債務残高	▲ 837	5	144	81	67
対外純資産	812	—	—	—	—
S&P自国通貨建長期格付	AAA	A	A-	BBB-	BBB+

（出所：世界銀行，IMF，S&P）

（2）ベトナム，ミャンマー，ラオス，カンボジア

① マーケティング指標

　4ヵ国とも1人当たりGDPが消費勃興期の1,000ドルを超えたあたりにあり，生活必需品が求められるマーケットである。

　ただし，ベトナムの場合は都市部が先行して成長しており，ホーチミンやハノイの1人当たりGDPは4,000ドルを超えている。都市部人口も1,500万人と多いことから，ホーチミンやハノイから販路を広げていく戦略は十分に検討できる。

　その他3ヵ国は，国全体と都市部の1人当たりGDPはさほど変わらない。

② **カントリーリスク指標**

　４ヵ国とも消費者物価上昇率と失業率はともに低く，政治・社会情勢による
カントリーリスクはないといえる。一方で，経済情勢によるカントリーリスク
はそれぞれの国で懸念すべき点を持っている。

　ベトナムは経常収支も黒字で短期対外債務も少ないが，外貨準備高が月間輸
入額の３倍未満の状況にある。携帯電話等の輸出が急増している結果，外貨準
備高はだいぶ増加してきており，３倍のバーもクリアーできそうな状況にある
が，産業基盤が薄いため，輸出で稼ぐ構造が今後も維持できるかどうか注視が
必要である。

　**その他３ヵ国は経常収支が赤字であり，短期対外債務は小さいものの，実態
は日本をはじめとする経済援助による長期借款で支えられている状況にある。**
カントリーリスクは高いといわざるを得ない。

図表3－13 東南アジア諸国の主要経済指標②

マーケティング指標　　　　　　　　　　　　　　　　　　（ドル，百万人）

国　名	ベトナム	ミャンマー	ラオス	カンボジア
１人当たりGDP	2,342	1,257	2,457	1,384
人口	96	53	7	16
都市部人口	16	6	－	2

カントリーリスク指標　　　　　　　　　　　　　　　　　　（％，十億ドル）

	ベトナム	ミャンマー	ラオス	カンボジア
消費者物価上昇率	3.5%	4.6%	0.8%	2.9%
失業率	1.9%	1.6%	0.6%	1.0%
輸入額	221	19	7	14
貿易収支	6	▲ 5	▲ 1	▲ 0.8
経常収支	6	▲ 5	▲ 1	▲ 2
外貨準備高	49	5	1	12
短期対外債務残高	22	0.9	0.6	2

カントリーリスク指標まとめ				(%，月，十億ドル)
悲惨指数	5.4%	6.2%	1.4%	3.9%
経常収支	6	▲ 5	▲ 1	▲ 2
外貨準備高/月間輸入額（月）	2.7	3.3	2.2	9.9
外貨準備高－短期対外債務残高	27	4	0.7	10
S&P自国通貨建長期格付	BB	-	-	-

（出所：世界銀行，IMF，S&P）

Q3-3　南アジア諸国の経済指標は？

①　マーケティング指標

　インド，バングラデシュ，パキスタンという世界有数の人口を抱える3ヵ国は1人当たりGDPが1,000ドル台で，消費勃興期にある。ただ，インドの大都市圏のニューデリーやその近隣のファリダバード，ムンバイ，バンガロールといったところは5,000ドルを上回る水準にあり，何でも売れる消費拡大期に入っている。バングラデシュも首都のダッカがやはり3,000ドルを超え消費拡大期に入ったところにある。

　パキスタンは首都のカラチも2,000ドル台で，未だ消費勃興期にある。

　スリランカは人口こそ少ないが，インド洋の貿易中継基地として2009年まで続いた内戦終結以降着実に成長，消費拡大期に入っている。

②　カントリーリスク指標

　政治・社会情勢によるカントリーリスクについては，**スリランカとバングラデシュではともに悲惨指数が10％を超え，要注意領域にある。**両国とも消費者物価上昇率の変動が激しい。そうしたこともあってか，スリランカでは2019年4月に連続爆弾テロ事件が発生している。

　経済情勢によるカントリーリスクについては，4ヵ国とも経常収支が赤字と

不安な点を抱えている。特にインドは経常収支の赤字が大きく，インドルピーは売られやすい通貨となっている。このため，インドは海外からの借入れに規制をかけており，投入された資金が一定期間流出しないようにしている（ECB規制）。

スリランカ，パキスタンは外貨準備高も月間輸入額の4倍程度でさほど潤沢とはいえず，外的ショックに弱い状況にある。

4ヵ国とも短期対外債務は比較的小さいが，実態はベトナムやミャンマーと同様に経済援助による長期借款で支えられている状況にある。

4ヵ国とも不安要素は多いが，特に経常収支赤字で外貨準備高もそれほど多くないスリランカ，パキスタンはカントリーリスクが高いといわざるを得ない。

図表3-14　南アジア諸国の主要経済指標

マーケティング指標　　　　　　　　　　　　　　　　　　　（ドル，百万人）

国　名	インド	バングラデシュ	スリランカ	パキスタン
1人当たりGDP	1,979	1,517	4,074	1,548
人口	1,339	165	21	197
都市部人口	203	24	—	41

カントリーリスク指標　　　　　　　　　　　　　　　　　　（%，十億ドル）

	インド	バングラデシュ	スリランカ	パキスタン
消費者物価上昇率	2.5%	5.7%	7.7%	4.1%
失業率	2.6%	4.3%	4.4%	3.0%
輸入額	583	51	25	54
貿易収支	▲ 85	▲ 13	▲ 6	▲ 28
経常収支	▲ 38	▲ 6	▲ 2	▲ 16
外貨準備高	413	33	8	18
短期対外債務残高	98	11	8	9

カントリーリスク指標まとめ　　　　　　　　　　　　　　（%，月，十億ドル）

	インド	バングラデシュ	スリランカ	パキスタン
悲惨指数	5.1%	10.0%	12.1%	7.1%

経常収支	▲ 38	▲ 6	▲ 2	▲ 16
外貨準備高/月間輸入（月）	8.5	7.9	3.8	4.1
外貨準備高－短期対外債務残高	315	23	0.4	10
S&P自国通貨建長期格付	BBB-	BB-	B	B-

（出所：世界銀行，IMF，S&P）

Q3-4　オセアニア諸国の経済指標は？

　日本と地理的に近い先進国で貿易量も大きいオセアニアの2ヵ国，オーストラリアとニュージーランドのマーケットとカントリーリスクについて分析してみよう。

①　マーケティング指標

　1人当たりGDPが日本よりも大きく，高品質のものが売れる市場である。
　TPP加盟国でもあり，今後ますます商取引が拡大していくものと予想される。

②　カントリーリスク指標

　政治・社会情勢によるカントリーリスクは，両国とも消費者物価上昇率，失業率ともに低い水準に抑えられており，問題ない。
　経済情勢によるカントリーリスクは，両国とも経常収支が赤字で通貨が売られやすい点が懸念される。短期対外債務が外貨準備高を上回っており，この点もリスクがある。
　それにもかかわらず，格付機関による格付けが高いのは，格付対象の政府（公的部門）債務が少ないことと，先進国の中では移民増加もありGDP成長率が2〜3％程度と高いレベルで推移していること，米国同様にエネルギーも食糧も取れるため，いざという時には自給自足できるからである。
　要は，ごく短期的にはリスクがないことはないが，両国ともその気になれば，

輸入を抑制することで，経常収支を黒字にし外貨準備高を十分に貯めていくことができる。実際に貿易収支は，オーストラリアは黒字傾向にあり，ニュージーランドもほぼトントンの状況にあるため，経常収支を黒字化するのはそれほど大変なことではない。

　総合的にはカントリーリスクは低いといえる。

図表3-15　オセアニア諸国の主要経済指標

マーケティング指標　　　　　　　　　　　　　　　　　　　（ドル，百万人）

国　名	オーストラリア	ニュージーランド
1人当たりGDP	53,794	42,583
人口	25	5
都市部人口	15	2

カントリーリスク指標　　　　　　　　　　　　　　　　　　（％，十億ドル）

消費者物価上昇率	1.9%	1.9%
失業率	5.4%	4.5%
輸入額	273	54
貿易収支	9	1
経常収支	▲ 36	▲ 6
外貨準備高	67	21
短期対外債務残高	338	42

カントリーリスク指標まとめ　　　　　　　　　　　　　（％，月，十億ドル）

悲惨指数	7.3%	6.4%
経常収支	▲ 36	▲ 6
外貨準備高/月間輸入額（月）	2.9	4.6
外貨準備高－短期対外債務残高	▲ 271	▲ 21
S&P自国通貨建長期格付	AAA	AA+

（出所：世界銀行，IMF，S&P）

Q3-5　中東・アフリカ諸国の経済指標は？

　中東・アフリカ諸国については，マーケットとして期待できそうな1人当たりGDPが3,000ドルを超え，かつ人口1,000万人以上の国を主体に見ていきたい。

（1）中東諸国

①　マーケティング指標

　中東で上記条件を満たす国はトルコ，アラブ首長国連邦（UAE），サウジアラビア，イラン，イラクの5ヵ国である。トルコ，UAE，サウジアラビアの3ヵ国は1人当たりGDPが1万ドルを突破し，成熟した市場になっている。都市部人口も多く，高級品が売れる状況にある。

　イランは制裁対象国，イラクは政情不安が解消していないが，1人当たりGDPで見ると消費拡大期にある。

②　カントリーリスク指標

　政治・社会情勢によるカントリーリスクは，**トルコとイランが悲惨指数20％を超えており，危険な状態にある。**実際トルコはテロが頻発している。イランも経済制裁の影響を色濃く受け，不安定な政治環境にある。

　経済情勢によるカントリーリスクについては，**トルコが経常収支の赤字が続いている影響で，トルコリラが2018年に1年で4割近くも下落しており，危険な状況にある。**同国は短期対外債務も外貨準備高を上回っている。

　UAEは短期対外債務が不明なため，総対外債務で分析すると，同債務は外貨準備高を上回っている。ただ，連邦構成国のアブダビとドバイで1兆ドルを超える投資ファンド（SWF）を保有していることから，圧倒的に対外資産のほうが大きい状態にあると考えられ，カントリーリスクは小さい。

　サウジアラビアはすべての指標が良好で，まったく問題ない。

　イラクは総対外債務残高が外貨準備高を上回っているものの，対外純資産はプラスで他指標も良好である。ただ，現状は国の治安が維持できない事実上の

無政府状態にあるため，カントリーリスクは高い。いつの日か治安の回復ができれば，莫大な資源を活用した経常収支の黒字をもとに，十分回復が可能な国であると想定される。

図表3-16 中東諸国の主要経済指標

マーケティング指標
（ドル，百万人）

国　名	トルコ	UAE	サウジアラビア	イラン	イラク
１人当たりGDP	10,546	40,699	20,849	5,594	5,018
人口	81	9	33	81	38
都市部人口	30	6	15	21	9

カントリーリスク指標
（％，十億ドル）

	トルコ	UAE	サウジアラビア	イラン	イラク
消費者物価上昇率	11.1%	2.0%	-0.8%	10.0%	0.2%
失業率	10.9%	2.6%	5.9%	12.0%	7.9%
輸入額	250	277	196	108	72
貿易収支	▲ 38	107	43	50	3
経常収支	▲ 47	26	10	18	15
外貨準備高	108	95	509	133	49
短期対外債務残高*	118	240	213	4	73

カントリーリスク指標まとめ
（％，月，十億ドル）

	トルコ	UAE	サウジアラビア	イラン	イラク
悲惨指数	22.0%	4.6%	5.1%	22.0%	8.1%
経常収支	▲ 47	26	10	18	15
外貨準備高/月間輸入額（月）	5.2	4.1	31.2	14.7	8.3
外貨準備高－短期対外債務残高	▲ 10	▲ 144	297	129	▲ 24
対外純資産	－	－	669	－	10
S&P外貨建長期格付**	BB-	AA	A-	－	B-

＊UAE，サウジアラビア，イラクの短期対外債務残高は不明なため，総対外債務残高を表示，
　UAEの対外純資産は不明だが，相当あると想定される。
＊＊UAEの外部格付けはないため，連邦構成国のアブダビの格付けを表記している。
（出所：世界銀行，IMF，S&P）

（2）アフリカ諸国

　まず，比較的発展している北アフリカ諸国（エジプト，モロッコ，アルジェ
リア，チュニジア）から見ていこう。

①　マーケティング指標

　モロッコは消費拡大期に入っており，都市部人口も相応にいるので，市場と
して期待できる。アルジェリア，チュニジアも消費拡大期だが，都市部人口が
少ないのがネックである。
　一方，エジプトは一時期1人当たりGDPが3,000ドルを超えていたのが，通
貨の下落で伸び悩んでおり，カントリーリスクも高まっているため，難しい市
場となっている。

②　カントリーリスク指標

　政治・社会情勢によるカントリーリスクは，**4ヵ国とも失業率が高い水準に
あるのが気がかりである。特にエジプトは消費者物価上昇率も高く，悲惨指数
が30％を超える危険な状態にある。**エジプトは，2011年にアラブの春といわ
れる一連の民主化運動で時の独裁政権を倒したものの，その後も混乱は続き，
テロが頻発している状況にある。
　チュニジアも同様に，2010年のジャスミン革命で民主化に成功したものの，
悲惨指数は20％近辺で高止まりしており，テロも収まっていない。エジプトほ
どではないが，カントリーリスクのある状態といえる。
　経済情勢によるカントリーリスクについても，4ヵ国とも経常収支が赤字で
通貨が売られやすい状況が続いている。ただ，外貨準備高は相応にあるため，
経済崩壊にはつながっていない。

第3章 カントリーリスクの管理　133

　この4ヵ国の中では，モロッコが消費者物価上昇率も低く，経常収支の赤字も少ないため，比較的安全な国といえる。

図表3-17 アフリカ諸国の主要経済指標①

マーケティング指標　　　　　　　　　　　　　　　　　　　　（ドル，百万人）

国　名	エジプト	モロッコ	アルジェリア	チュニジア
1人当たりGDP	2,413	3,023	4,055	3,464
人口	98	36	41	12
都市部人口	25	8	3	2

カントリーリスク指標　　　　　　　　　　　　　　　　　　　（％，十億ドル）

消費者物価上昇率	29.5	0.8	5.6	5.3
失業率	11.4	9.0	12.1	15.5
輸入額	69	51	56	22
貿易収支	▲ 32	▲ 10	▲ 18	▲ 5
経常収支	▲ 8	▲ 4	▲ 22	▲ 4
外貨準備高	36	26	105	6
短期対外債務残高	11	8	2	7

カントリーリスク指標まとめ　　　　　　　　　　　　　　（％，月，十億ドル）

悲惨指数	40.9	9.8	17.7	20.8
経常収支	▲ 8	▲ 4	▲ 22	▲ 4
外貨準備高/月間輸入額（月）	6.3	6.1	22.4	3.3
外貨準備高－短期対外債務残高	25	19	103	▲ 1
S&P外貨建長期格付	B	BBB-	－	－

（出所：世界銀行，IMF，S&P）

次にサブサハラ（サハラ砂漠以南）地域の主要国（エチオピア，ケニア，タンザニア，ナイジェリア，アンゴラ，南アフリカ）について見てみよう。

① マーケティング指標

1人当たりGDPは南アフリカが消費拡大期に入っており，都市部人口も多いことから，有望な市場である。

ケニアとナイジェリアは，人口が多く1人当たりGDPが1,000ドルを超えていることから，今後消費拡大が期待できるのではないかと注目されている。

一方でアンゴラは，1人当たりGDPは4,000ドル，都市部人口も800万人おり，有望そうな市場に見えるが，悲惨指数に表れているように都市部は殺人や暴行が相次ぐ治安の悪い状況にあり，マーケティングは困難な状況にある。

エチオピアとタンザニアは人口が多いが，1人当たりGDPが1,000ドル未満で，マーケットとしてはこれからという状況にある。

② カントリーリスク指標

政治・社会情勢によるカントリーリスクは問題を抱えている国が多く，**ナイジェリア，アンゴラ，南アフリカは悲惨指数が20％を超えており，実際に凶悪犯罪やテロが頻発している。**

エチオピアとケニアは悲惨指数が注意領域にあるが，エチオピアは失業率が低位安定していること，ケニアは失業率こそ高いが消費者物価上昇率が中期的に低下傾向にあることから，それほど危機的な状況にはない。

悲惨指数に関しては，唯一タンザニアだけが問題ない水準にある。

経済情勢によるカントリーリスクは，ナイジェリア以外が経常収支赤字で，各国とも通貨が売られやすい状況にある。一方，外貨準備高についてはエチオピアが輸入額の2ヵ月分しかない危機的な状況にあるが，他の国は問題ない水準にある。

先行して発展している南アフリカ以外は，各国とも対外債務は経済協力による長期借款が多く，短期対外債務は小さい。

第3章 カントリーリスクの管理　135

図表3-18　アフリカ諸国の主要経済指標②

マーケティング指標　　　　　　　　　　　　　　　　　　（ドル，百万人）

国　名	エチオピア	ケニア	タンザニア	ナイジェリア	アンゴラ	南アフリカ
1人当たりGDP	768	1,595	958	1,968	4,100	6,151
人口	105	50	57	191	30	57
都市部人口	4	5	7	31	8	20

カントリーリスク指標　　　　　　　　　　　　　　　　　　（％，十億ドル）

	エチオピア	ケニア	タンザニア	ナイジェリア	アンゴラ	南アフリカ
消費者物価上昇率	9.8%	8.0%	5.2%	16.5%	31.7%	5.2%
失業率	1.8%	9.3%	1.9%	6.0%	7.3%	27%
輸入額	19	19	9	50	28	99
貿易収支	▲13	▲9	▲1	▲以下	7	5
経常収支	▲6	▲5	▲2	10	▲1	▲9
外貨準備高	3	7	6	40	17	51
短期対外債務残高	1	2	2	以下	0.1	33

カントリーリスク指標まとめ　　　　　　　　　　　　　（％，月，十億ドル）

	エチオピア	ケニア	タンザニア	ナイジェリア	アンゴラ	南アフリカ
悲惨指数	11.6%	17.3%	7.1%	22.5%	39.0%	32.2%
経常収支	▲6	▲5	▲2	10	▲1	▲9
外貨準備高/月間輸入額（月）	1.9	4.6	7.7	9.8	7.4	6.1
外貨準備高ー短期対外債務残高	3	5	4	40	17	18
S&P外貨建長期格付	B	B+	ー	B	ー	BB+

（出所：世界銀行，IMF，S&P）

| Q3-6 | ロシア・周辺諸国の経済指標は？ |

　ロシアとその周辺諸国についても，市場として期待できる人口1,000万人以上の国（ロシア，ウクライナ，ウズベキスタン，カザフスタン）について分析してみよう。

①　マーケティング指標

　ロシアは１人当たりGDPが１万ドルを超えた消費成熟国で，都市部人口も多い。過去に債務不履行を起こしたものの全額返済済みで，現在は対外資産が対外負債を上回る等債務問題は解消しており，有望な市場である。

　カザフスタンも消費拡大期の終盤にあり，十分に市場になりうるが，都市部人口が少なく，分散している点がネックである。

　ウクライナとウズベキスタンは消費勃興期にあり，本格的な消費はこれからだが，政変リスクが高く，難しい国といえる。

②　カントリーリスク指標

　ウクライナとウズベキスタンは，消費者物価上昇率が高いことを主因に悲惨指数が20％を超えており，政治・社会情勢によるカントリーリスクは高い。実際にウクライナは，前述のオレンジ革命等，数度の政変が起きている。

　ウズベキスタンの治安はそこまで悪くないが，近年の物価上昇は懸念すべき水域に達している。

　経済情勢によるカントリーリスクは，ウクライナが経常収支赤字で，外貨準備高も３ヵ月程度と潤沢といえず，リスクがある状況にある。

　カザフスタンは経常収支赤字ではあるが，恒常的なものではない（貿易収支は黒字）ため，さほど懸念すべき点はない。

　ウクライナ侵攻で経済制裁を科せられているロシアだが，経済指標には懸念すべき点はなく，対外純資産もプラスである。

　また，ウズベキスタンも指標に問題はなく，経済面ではリスクの小さい状態

といえる。

図表3－19 ロシア・周辺諸国の主要経済指標

マーケティング指標　　　　　　　　　　　　　　　　　　　　（ドル，百万人）

国　名	ロシア	ウクライナ	ウズベキスタン	カザフスタン
1人当たりGDP（ドル）	10,749	2,640	1,534	9,030
人口	144	45	32	18
都市部人口	33	5	2	3

カントリーリスク指標　　　　　　　　　　　　　　　　　　　（％，十億ドル）

	ロシア	ウクライナ	ウズベキスタン	カザフスタン
消費者物価上昇率	3.7	14.4	15.0	7.4
失業率	4.7	9.4	5.2	4.9
輸入額	327	62	19	43
貿易収支	94	▲ 9	▲ 4	13
経常収支	33	▲ 2	96	▲ 5
外貨準備高	433	19	17	31
短期対外債務残高	51	22	1	8

カントリーリスク指標まとめ　　　　　　　　　　　　　　　（％，月，十億ドル）

	ロシア	ウクライナ	ウズベキスタン	カザフスタン
悲惨指数	8.4	23.8	20.2	12.3
経常収支	33	▲ 2	96	▲ 5
外貨準備高/月間輸入額（月）	15.9	3.6	10.4	8.6
外貨準備高－短期対外債務残高	382	▲ 3	16	23
対外純資産	371	－	12	－
S&P自国通貨建長期格付	BBB	B-	BB-	BBB-

（出所：世界銀行，IMF，S&P）

| Q3-7 | 欧州諸国の経済指標は？ |

　先進国主体で市場が成熟している欧州だが，地域により多少発展度やカントリーリスクに違いがある。人口1,000万人以上の国について分析してみよう。

（1）西欧（ドイツ，英国，フランス，オランダ，ベルギー）

① マーケティング指標

　すべての国が消費成熟期にある。都市部でも郊外でもGDPの水準はそれほど変わらないため，どこでもマーケティングは可能といえる。

② カントリーリスク指標

　政治・社会情勢によるカントリーリスクは，**フランスの失業率が高く悲惨指数が10％を超えている点が留意を要する。**実際にパリでは暴動が起きており，その背景には若年層の失業率が20％程度で高止まりしている点が挙げられる。

　経済情勢によるカントリーリスクは，英国とフランスの経常収支が赤字の点が懸念材料で，両国がドイツよりもS&Pの格付けが低い要因になっている。

　また，すべての国で外貨準備高が少なく，短期対外債務を賄えていない状態になっている。ただ，この点については次の点から問題ない。

- ドイツは日本に次ぐ世界第2位の対外純資産国である。オランダ，ベルギーも対外純資産がプラスの状態にある。
- 自国通貨が英国であればポンド，その他の国はユーロと国際的に流通している通貨であるため，いつでも通貨の供給を増やすことで対外債務の返済や輸入代金の支払ができる。このため，外貨準備高が少なくても問題はない。

ただ，ポンドやユーロが国際的に信用されなくなった時に危機に陥る可能性はある。実際に英国は1976年にポンド下落で外貨準備高が足りなくなり，IMF（国際通貨基金）の支援を仰いだことがある。

第3章　カントリーリスクの管理　　139

図表3－20　欧州諸国の主要経済指標①

マーケティング指標　　　　　　　　　　　　　　　　　　（ドル，百万人）

国　名	ドイツ	英国	フランス	オランダ	ベルギー
1人当たりGDP	44,666	39,954	38,484	48,483	43,467
人口	83	66	67	17	11
都市部人口	8	18	15	2	3

カントリーリスク指標　　　　　　　　　　　　　　　　　（％，十億ドル）

	ドイツ	英国	フランス	オランダ	ベルギー
消費者物価上昇率	1.5%	2.6%	1.0%	1.4%	2.1%
失業率	3.4%	4.0%	9.2%	3.9%	6.3%
輸入額	1,458	826	826	600	420
貿易収支	279	▲ 31	▲ 28	89	6
経常収支	295	▲ 98	▲ 13	87	4
外貨準備高	200	151	156	38	26
短期対外債務残高	2,077	5,458	2,416	991	432

カントリーリスク指標まとめ　　　　　　　　　　　　（％，月，十億ドル）

	ドイツ	英国	フランス	オランダ	ベルギー
悲惨指数	4.9%	6.6%	10.2%	5.3%	8.4%
経常収支	295	▲ 98	▲ 13	87	4
外貨準備高/月間輸入額（月）	1.6	2.2	2.3	0.8	0.7
外貨準備高－短期対外債務残高	▲ 1,877	▲ 5,307	▲ 2,259	▲ 952	▲ 406
対外純資産	2,348	－	－	610	226
S&P外貨建長期格付	AAA	AA	AA	AAA	AA

（出所：世界銀行，IMF，S&P）

（2）南欧（イタリア，スペイン，ポルトガル，ギリシャ）

①　マーケティング指標

　すべての国が消費成熟期にある。都市部でも郊外でも1人当たりGDPの水準はそれほど変わらないため，どこでもマーケティングは可能といえる。

② カントリーリスク指標

　政治・社会情勢によるカントリーリスクは，イタリア，スペイン，ギリシャの失業率が高い。

　ギリシャは悲惨指数が20％を超えている。同国は巨額の財政赤字を原因にギリシャ危機も起き，暴動も起きている。経済情勢によるカントリーリスクの指標も芳しくないため，カントリーリスクが高い状況が続いている。

　また，スペインはもともとカタルーニャ独立運動がくすぶっており，暴動が起きやすい。イタリアも悲惨指数の水準からすると，政変のリスクこそ小さいが，暴動は起きやすい状況にある。

　経済情勢によるカントリーリスクは，ギリシャが財政赤字に加えて，経常赤字でもあり危険な状態にある。外貨準備高が少ないのは，前述のようにユーロが自国通貨であればそれで債務の返済や輸入決済ができるので，一義的には問題ない。ただ，一時期ギリシャで取り沙汰されたように，**ユーロから離脱するようなことがあれば，外貨準備高の不足がクローズアップされるリスクが顕在化する。**

図表3-21　欧州諸国の主要経済指標②

マーケティング指標　　　　　　　　　　　　　　　　　　　（ドル，百万人）

国　名	イタリア	スペイン	ポルトガル	ギリシャ
1人当たりGDP	32,110	28,208	21,291	18,885
人口	61	47	10	11
都市部人口	11	12	4	3

カントリーリスク指標　　　　　　　　　　　　　　　　　　（％，十億ドル）

消費者物価上昇率	1.2%	2.0%	1.4%	1.1%
失業率	10.2%	15.5%	6.9%	19.2%
輸入額	548	413	92	69
貿易収支	58	38	2	▲ 2

経常収支	55	25	26	▲ 3
外貨準備高	151	69	1	8
短期対外債務残高	1,015	908	199	91

カントリーリスク指標まとめ　　　　　　　　　　　　（%，月，十億ドル）

悲惨指数	11.4%	17.5%	8.3%	20.3%
経常収支	55	25	26	▲ 3
外貨準備高/月間輸入額（月）	3.3	2.0	0.2	1.4
外貨準備高－短期対外債務残高	▲ 864	▲ 839	▲ 198	▲ 83
S&P外貨建長期格付	BBB	A-	BBB	B+

（出所：世界銀行，IMF，S&P）

（3）中東欧（ポーランド，ルーマニア，チェコ，ハンガリー）

① マーケティング指標

　すべての国が消費成熟期にある。欧州全体で見比べると1人当たりGDPは低い水準にあるが，十分に高品質の商品が売れる市場である。

② カントリーリスク指標

　政治・社会情勢によるカントリーリスクについては，各国とも消費者物価上昇率，失業率共に低い水準に抑えられており，問題ない。

　経済情勢によるカントリーリスクは4ヵ国の中では，経常収支が発展途上にあるルーマニアのみ赤字にある以外は，各国とも黒字と健全である。ルーマニアはルーマニアレイが下落傾向にあり，為替相場の動向に注意が必要だ。

　また，外貨準備高は4ヵ国とも短期対外債務を上回り，輸入に対しても十分な額を保有していることから問題ない。

142

図表3-22 欧州諸国の主要経済指標③

マーケティング指標 (ドル，百万人)

国　名	ポーランド	ルーマニア	チェコ	ハンガリー
1人当たりGDP	13,864	10,819	20,380	14,279
人口	38	20	11	10
都市部人口	2	2	1	2

カントリーリスク指標 (%，十億ドル)

消費者物価上昇率	2.1%	1.3%	2.5%	2.3%
失業率	3.7%	4.3%	2.4%	3.7%
輸入額	265	92	156	113
貿易収支	21	▲5	16	11
経常収支	1	▲7	2	4
外貨準備高	113	44	148	28
短期対外債務残高	50	15	95	15

カントリーリスク指標まとめ (%，月，十億ドル)

悲惨指数	5.8%	5.6%	4.9%	4.9%
経常収支	1	▲7	2	4
外貨準備高/月間輸入額（月）	5.1	5.8	11.4	11.4
外貨準備高－短期対外債務残高	63	30	53	33
S&P外貨建長期格付	A	BBB-	AA	BBB

（出所：世界銀行，IMF，S&P）

（4）北欧（スウェーデン，ノルウェー，フィンランド，デンマーク）

① マーケティング指標

　世界有数の1人当たりGDPの高い国々が並んでおり，高品質のものが売れ

る市場である。

②　カントリーリスク指標

　政治・社会情勢によるカントリーリスクはスウェーデン，フィンランドの失
業率がやや高いものの，心配な水準にはなく，問題ない。

　経済情勢によるカントリーリスクは，経常収支についてはフィンランドがわ
ずかな赤字なだけで問題ないが，4ヵ国とも短期対外債務が外貨準備高を上
回っている点について検証が必要である。

　まず，スウェーデン，ノルウェー，デンマークは対外純資産がプラスであり，
まったく問題ない。

　一方，フィンランドは北欧諸国で唯一（外貨準備にもなりうる）ユーロを自
国通貨としており，現時点では問題ないが，一部にユーロ離脱の観測もあるた
め，その可能性が強まった際には経済指標を精査する必要があるかもしれない。

図表3-23　欧州諸国の主要経済指標④

マーケティング指標　　　　　　　　　　　　　　　　　　　（ドル，百万人）

国　名	スウェーデン	ノルウェー	フィンランド	デンマーク
1人当たりGDP	53,253	75,704	45,805	57,219
人口	10	5	6	6
都市部人口	2	1	1	1

カントリーリスク指標　　　　　　　　　　　　　　　　　　（％，十億ドル）

消費者物価上昇率	1.8%	1.9%	0.8%	1.1%
失業率	6.4%	3.9%	7.8%	5.0%
輸入額	223	132	96	157
貿易収支	20	13	1	23
経常収支	17	22	▲2	26
外貨準備高	62	66	11	75

短期対外債務残高	306	231	188	170

カントリーリスク指標まとめ　　　　　　　　　　　　（％，月，十億ドル）

悲惨指数	8.2%	5.8%	8.6%	6.1%
経常収支	17	22	2	26
外貨準備高/月間輸入額（月）	3.3	6.0	1.3	5.8
外貨準備高－短期対外債務残高	▲ 244	▲ 165	▲ 178	▲ 95
対外純資産	37	811	－	215
S&P外貨建長期格付	AAA	AAA	AA+	AAA

（出所：世界銀行，IMF，S&P）

> ### Q3-8　中南米諸国の経済指標は？

　中南米諸国はTPP加盟を表明している4ヵ国（メキシコ，コロンビア，ペルー，チリ）と，経済運営に苦戦している大西洋側の3ヵ国（ブラジル，アルゼンチン，ベネズエラ）に分けて見ていきたい。

（1）メキシコ，コロンビア，ペルー，チリ

①　マーケティング指標

　1人当たりGDPはチリが1万ドルを突破し，消費成熟期にある。メキシコは過去に1万ドルを突破した時期があったが，メキシコペソ安の影響で現状は1万ドルを割っている。ただ，消費財はかなり普及しており，事実上成熟期の市場といえる。したがって両国は品質の高い商品を販売していく市場といえる。

　コロンビア，ペルーは消費拡大期にあり，都市部人口も相応に多いので有望な市場といえる。

　中南米諸国は貧富の差が激しい傾向があるため，1人当たりGDPという平均値だけで市場を判断するのは難しい面があるが，今後TPPで関税率が低下していくこともあり，日本企業にとって期待の持てる国々といえる。

第3章　カントリーリスクの管理　145

②　カントリーリスク指標

　政治・社会情勢によるカントリーリスクは，**コロンビアの悲惨指数が10%を超えており，要注意の状態にある。**実際コロンビアではテロが頻発している。ただ，その根源となっている失業率は2002年の15.6%から現在は9%台と下落傾向にあり，テロの回数も減少していることはプラス材料である。

　経済情勢によるカントリーリスクは，4ヵ国とも経常収支が赤字であり，通貨が売られやすい面がある。それ以外の指標は，メキシコの外貨準備高が月間輸入額の4.6倍と，やや少な目なこと以外は懸念すべき点はない。過去に中南米諸国は過剰債務問題で苦しめられたが，この4ヵ国はそこから脱することに成功しているといえる。

図表3-24　中南米諸国の主要経済指標①

マーケティング指標　　　　　　　　　　　　　　　　　　　　　（ドル，百万人）

国　名	メキシコ	コロンビア	ペルー	チリ
1人当たりGDP	8,910	6,409	6,572	15,346
人口	129	49	32	18
都市部人口	51	21	10	7

カントリーリスク指標　　　　　　　　　　　　　　　　　　　（%，十億ドル）

消費者物価上昇率	6.0%	4.3%	2.8%	2.2%
失業率	3.3%	9.1%	6.4%	7.2%
輸入額	457	62	48	75
貿易収支	▲21	▲16	4	5
経常収支	▲19	▲10	▲3	▲6
外貨準備高	175	47	64	39
短期対外債務残高	53	13	9	18

カントリーリスク指標まとめ　　　　　　　　　　　　　　（%，月，十億ドル）

悲惨指数	9.3%	13.4%	9.2%	9.4%

経常収支	▲ 19	▲ 10	▲ 3	▲ 6
外貨準備高/月間輸入額 (月)	4.6	9.1	16.0	6.3
外貨準備高－短期対外債務残高	122	34	55	21
S&P自国通貨建長期格付	A-	BBB	A-	AA-

(出所：世界銀行，IMF，S&P)

（2）ブラジル，アルゼンチン，ベネズエラ

① マーケティング指標

　1人当たりGDPはアルゼンチンが1万ドルを超えており，ブラジルも過去1万ドルを超えていたのがブラジルレアルの下落で1万ドル弱の水準に落ちただけという状態で，事実上消費成熟期にある。両国とも品質の高い商品が売れる市場である。

　ベネズエラも，ブラジルと同様に1人当たりGDPが1万ドルを超えていたのが，為替相場の急落で生活水準が急速に下がっている状況にある。しかし，同国は政治・社会情勢が事実上破綻しており，有望な市場とみなすのは困難な状況にある。

② カントリーリスク指標

　3ヵ国とも悲惨指数が高く，政治・社会情勢によるカントリーリスクが心配な状況にある。その中で，ブラジルは9％台で推移していた失業率が3％台にまで落ち着きを見せ，悲惨指数も20％を切る水準まで下がってきており，リスクは縮小している。

　アルゼンチンは消費者物価上昇率が上昇傾向にあり，すでに危険な状態に突入している。テロこそ起きていないが，誘拐や強盗等が頻発し，社会情勢は非常に不安定な状況にあるといえる。

　ベネズエラは消費者物価上昇率の上昇が続き，2018年8月に通貨を10万分の

1に切り下げるデノミネーションを実施したが，ハイパーインフレが続いている。あまりに悲惨な状況で，すでに国民の1割に当たる300万人が海外に脱出している模様だ。停電も相次ぎ，日々の暮らしが困難な状況になっている。

経済情勢によるカントリーリスクについても同様だ。3ヵ国とも経常収支は赤字で，各国通貨は売られやすい状況が続いている。ただ，ブラジルは外貨準備高も潤沢で短期対外債務を大きく上回っているため，比較的安定感がある。

一方，アルゼンチンは短期対外債務も大きく，過去何度も起こしているデフォルト（債務不履行）を再び宣言してもおかしくない情勢にある。実際2019年8月に短期債務の返済期限を一方的に延長しており，その兆しもある。ベネズエラも同様で，短期対外債務が外貨準備高を上回り，自国通貨のボリバル・フェルテも暴落していることから，いつデフォルト宣言をしてもおかしくない。なお，アルゼンチンやベネズエラは，なけなしの外貨を維持するために国が輸入を抑制しているため，外貨準備÷月間輸入額の数字は比較的高い水準にある。

図表3-25　中南米諸国の主要経済指標②

マーケティング指標 （ドル，百万人）

国　名	ブラジル	アルゼンチン	ベネズエラ
1人当たりGDP	9,812	14,398	4,718
人口	209	44	32
都市部人口	87	19	9

カントリーリスク指標 （%，十億ドル）

消費者物価上昇率	3.4%	34.3%	493.6%
失業率	12.5%	9.5%	8.4%
輸入額	238	88	11
貿易収支	21	▲ 17	2
経常収支	▲ 7	▲ 32	▲ 4

外貨準備高	374	55	10
短期対外債務残高	57	66	27

カントリーリスク指標まとめ　　　　　　　　　　　（％，月，十億ドル）

悲惨指数	15.9%	43.8%	502.0%
経常収支	▲ 7	▲ 32	▲ 4
外貨準備高/月間輸入額（月）	18.9	7.5	10.8
外貨準備高－短期対外債務残高	317	▲ 11	▲ 18
S&P自国通貨建長期格付	BB-	B	CCC-

（出所：世界銀行，IMF，S&P）

Q3-9　北米諸国の経済指標は？

　北米の2ヵ国（米国，カナダ）はもちろん有望なマーケットである。

　特に米国は世界最大の市場を抱え，今後も人口が増大し堅調な経済成長が見込まれる国であり，日本企業にとって極めて重要な市場である点は議論の余地がないと思われる。

①　マーケティング指標

　米国もカナダも世界最大級の高付加価値のものが売れる市場である。

　カナダはTPP加盟国であり，今後商取引の拡大が期待できる。

②　カントリーリスク指標

　政治・社会情勢によるカントリーリスクについては，両国とも消費者物価上昇率，失業率ともに低い水準で安定している。

　経済情勢によるカントリーリスクは，消費意欲が旺盛という面もあるが，両国とも経常収支が赤字で，通貨が売られやすい。

　圧倒的な国力のある米国だが，米ドルは米国の経常赤字を背景に常にドル売り圧力にさらされている。一方的なドル高にならないのはこのためである。

カナダは2008年まで経常収支が黒字だったが，赤字に転落，カナダドルは下落傾向にある。

また，両国とも短期対外債務よりも外貨準備高が少ない。しかし米国は何といっても米ドルが基軸通貨であり，外貨準備は必要ない（ドルを多く供給すればよい）。カナダは他の先進国と同様に，対外純資産がプラスのため，問題ない。

さらに両国とも資源も食糧も十分に取ることができ，いざという時には輸入しなくても自給自足できるという強みを持っており，極めて安全度の高い国といえる。

図表3-26 北米諸国の主要経済指標

マーケティング指標 （ドル，百万人）

国　名	米国	カナダ
1人当たりGDP	59,928	44,871
人口	325	37
都市部人口	150	17

カントリーリスク指標 （％，十億ドル）

消費者物価上昇率	2.1%	1.6%
失業率	3.9%	5.9%
輸入額	2,929	550
貿易収支	▲ 578	▲ 39
経常収支	▲ 449	▲ 46
外貨準備高	451	87
短期対外債務残高	6,084	685

カントリーリスク指標まとめ （％，月，十億ドル）

悲惨指数	6.0%	7.5%
経常収支	▲ 449	▲ 46
外貨準備高／月間輸入額（月）	1.8	1.9

外貨準備高－短期対外債務残高	▲ 5,633	▲ 598
対外純資産	−	387
S&P自国通貨建長期格付	AA+	AAA

（出所：世界銀行，IMF，S&P）

コラム　明治維新は経済指標で予測できた？

　黒船来航を契機に，西郷隆盛や坂本龍馬，高杉晋作等の諸藩の英雄たちの活躍と徳川慶喜，井伊直弼らの江戸幕府の攻防で語られることが多い明治維新だが，実は経済指標の変動でその原因の多くを説明できる。

　江戸末期の悲惨指数は非常に高いものだったらしい。悲惨指数を高めた犯人は，開国による物価高騰であった。

　1853年の黒船来航以降に，日米和親条約，日米修好通商条約が締結され，1859年に函館，横浜，長崎，新潟，神戸の5港が開港された。この開国を契機に，他国より安い値段で金が銀と交換されていることに気が付いた外国人が金を大量に海外に持ち出し，差益を稼いだ。

　江戸幕府は金の流出を止めるためと，薩長との戦いに備えるために，質の悪い金貨を増発したため，インフレが起きたと考えられている。このほかにも，生糸輸出の急激な増加によって生糸の高騰等も起きる等，複数の経路でインフレが起きた。

　こうして開港後わずか5年で物価は3〜4倍になった。物価が落ち着いていた1857年から起算して，物価高騰が続いた1865年までの8年間の平均物価上昇率は20％を超える。失業率を0％としても悲惨指数は平均20％を超えていたことになる。特に最後の数年は物価上昇が加速している。国民の不満が爆発していたことは想像に難くない。

　明治維新という革命は，悲惨指数の高騰で充分に予測できたといえる。

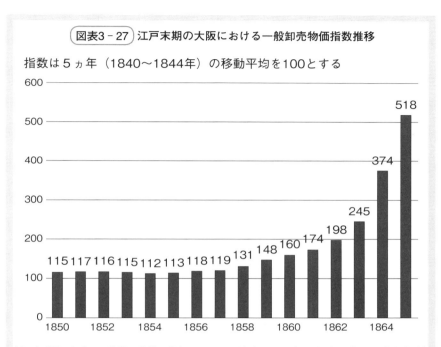

図表3-27 江戸末期の大阪における一般卸売物価指数推移

（出所：新保博「江戸後期の貨幣と物価に関する断章」三田学会雑誌（1980）より筆者作成）

　また，この過酷なインフレは開国を契機に起きているため，自然に外国人を排除する攘夷運動が起き，政権打倒＝倒幕につながっていったと考えることもできる。

　フランス革命も，その前に小麦が高騰し相当のインフレが発生していたという説があり，「悲惨指数が高い国は危険」というのは歴史が証明しているといえそうだ。

　なお，国によって「これが高騰したら庶民生活に大きな影響を与えるので，気を付けたほうがよい」といわれるモノがある。中国の場合は大抵の中華料理で使われる豚肉，インドの場合はカレーに必須の玉ねぎが高騰すると危険な兆候らしい。国によって何が重要なモノかは，現地の生活者に聞けばすぐにわかるはずだ。そうした視点も広げていくと，分析の精度が

上がるかもしれない。

コラム　米国や欧州諸国が難民問題に悩む理由と日本のビジネスチャンス

　本章では世界各国のカントリーリスクの状況を見てきた。それぞれの地域に属する国を一緒くたに分析することはできないが，おおよそ**図表3-28**のような傾向があることがご理解いただけたのではないかと思う。

図表3-28　地域ごとのカントリーリスクまとめ

地　域	政治・社会情勢による カントリーリスク	経済情勢による カントリーリスク
東アジア	低	低
東南アジア	低	低（一部リスク有）
南アジア	低	中
オセアニア	低	低
中東	高	中
アフリカ	高	高
ロシア・周辺諸国	高	中
欧州	低 （南欧はややリスク有）	低
中南米	高	高
北米	低	低

　この表のうちで，政治・社会情勢によるもの，経済情勢によるもののどちらかのカントリーリスクが高い地域を黒く塗った地図を作成してみる（**図表3-29**）。

図表3-29 カントリーリスクのある地域概観

　欧州の周りには，政治・社会情勢によるカントリーリスクのある地域が中東，アフリカ，ロシア・周辺諸国とひしめいている。北米の南には，政治・社会情勢によるカントリーリスクが高い中南米諸国がある。

　ベネズエラやシリアがそうであるように，政治・社会情勢が混乱している国では国民は暮らしてゆけず難民化し，近隣の安全で仕事にありつける国へと逃亡していく。

　米国や欧州が難民問題で悩み，難民を受け入れない政策を打ち出すのは，こうした脅威にさらされているからだといえる。

　一方，日本はどうか？

　周辺にカントリーリスクの高い国はない。アジアは消費拡大期～成熟期の初期の国が多く，市場は広がっていく。北米やオセアニアは安定した市場にもかかわらず，GDP成長率は先進国としては高い。さらに，米国を除く周辺先進国のカナダ，オーストラリア，ニュージーランドはTPP加盟国である。高インフレや経常収支の赤字等いろいろ問題の多い中南米でさえ，メキシコ，コロンビア，ペルー，チリから成る太平洋側の国々のカントリーリスクは低く，TPPで市場開拓はしやすくなる。

日本は難民問題で悩むこともなく，積極的にマーケットを開拓できる安全で魅力のある国々に囲まれている。この地域的な恵みを積極的に受取りにいかない手はないといえよう。

第4章

海外現地取引の決済制度とリスクヘッジ手段

1 現地取引の決済制度および リスクヘッジ手段の特徴

　日本と海外では，決済期間も決済方法もだいぶ異なる。

　日本は企業間信用が発達しており，海外と比べて支払期間が長い。電子化等で減少傾向にあるものの，手形取引も多い。

　海外での支払期間は概して日本よりも短いが，多少の遅延が付いて回る。

　海外では中国，韓国以外，あまり手形は流通していない。**北米やアジアで比較的流通しているのは，小切手だ。欧州ではSEPA（Single Euro Payment Area）という国をまたぐユーロ送金制度が発達しており，小切手よりも送金取引が主体になっている。**

　また，アジアの中でも発展途上国は，そもそも銀行口座を開設していない企業も多く，そうした企業との取引は現金取引にならざるを得ない。

　リスクヘッジ手段にも特徴がある。**米国では比較的ファクタリングがよく使われるが，欧州では取引信用保険が多用される。アジアでは国内L/Cが，中国では銀行引受手形が利用されている。**こうした決済方法やリスクヘッジ手段に違いが生まれるのは，理由がある。

　本章では，主要な国や地域について，「決済方法やリスクヘッジが現状どうなっているのか？」「なぜそうした状況になっているのか？」という点を見ていくが，まずは予備知識として，主な債権回収リスクヘッジ手段の特徴について述べることとしたい。

（1）ファクタリング

　ファクタリングとは，ファクター会社が売掛債権を買い取り，代金を支払う取引である。ファクター会社は，先払いをする分の金利（不払リスクヘッジ料を含む）を差し引いた後，債権金額全額を支払う。言い換えると，金利を除けば100％代金を回収できることになる。

第4章 海外現地取引の決済制度とリスクヘッジ手段 **157**

　ファクター会社は支払期日に，取引先から自社に代わって代金を回収する。

　ファクタリングには，ノンリコースベースの取引とリコースベースの取引がある。**第2章**でも述べたが，リコースベースの取引は取引先が支払をしなかった場合には，自社は事前に受け取った資金を返還しなければならない。手形割引と同じだ。このためリスクヘッジ手段としては意味がない。

　ノンリコースベースの取引は，取引先が支払をしなくても，代金を返す必要はない。返す場合は，納めた商品が不良品であった等，自社に商取引上の責任がある場合のみで，通常の商取引も不良品があれば（代替品を送るか）返金しなければならず，これは当たり前の行為だ。取引先の倒産や支払不能リスクは

図表4-1　ファクタリングの仕組み

①通常の場合

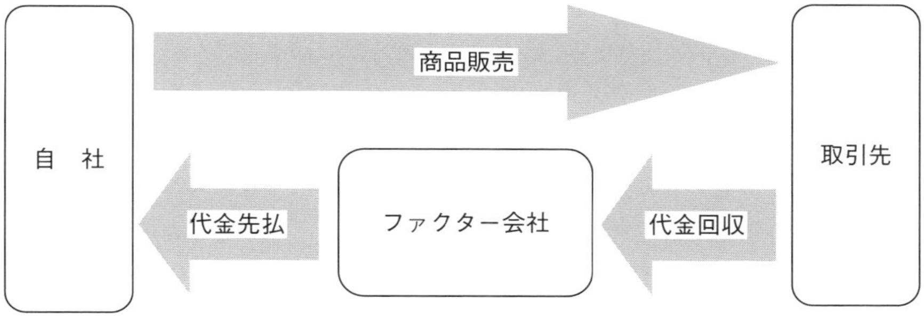

商品販売

自　社　　　　　　　ファクター会社　　　　　　取引先

代金先払　　　　　　　　　　　　　　　代金回収

②取引先が倒産または一定期間以上の支払遅延の場合

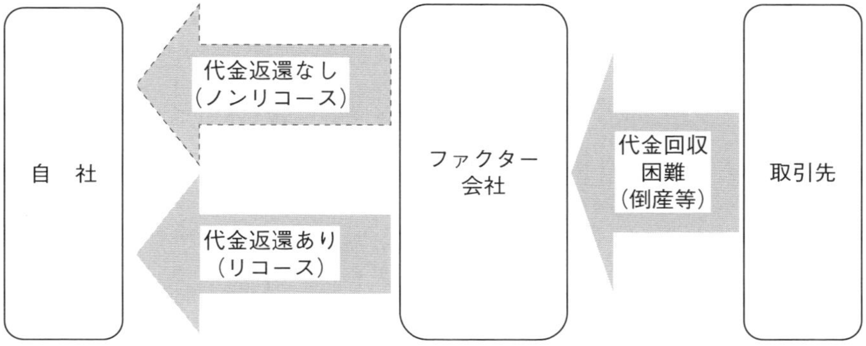

代金返還なし
（ノンリコース）

自　社　　　　　　　ファクター会社　　　　　　取引先

代金回収
困難
（倒産等）

代金返還あり
（リコース）

十分にカバーできる。

このようにリスクヘッジ手段として，**ファクタリングを申し込む際は，ノンリコースベースであることを確認しなければならない。**

なお，日本におけるファクタリングは独自の発展を遂げており，一般的なファクタリングと少し商品性が異なる。先払いをせず，保証をするのだ。

ファクター会社は保証料を受け取り，取引先が売掛債権を支払わなかった場合に，代わりに100％の代金を支払う。代金回収を保証する役割を果たすことから，保証ファクタリングと呼ばれている。

日本のファクター会社は銀行の子会社であるケースが多く，先に資金を受け取りたいというニーズには銀行融資で対応していたため，保証サービスが発展したのだと考えられる。

（2）取引信用保険

取引信用保険は，保険会社が提供するサービスである。保険会社は保険料を受け取り，一定期間を超える支払遅延や取引先の倒産等で代金を回収できない旨の請求を受けると，保険金を払う。

保険会社はその成り立ちから，2つに分類できる。1つは，貿易保険の会社が貿易に加えて国内取引の取引信用保険も担っているケースである。いわば，日本貿易保険が日本国内の取引についても保険サービスを提供するようなものだ。代表的な会社は，いずれも欧州の貿易保険会社であるEuler Hermes，Atradius，Cofaceの3社である。3社の取引信用保険のシェアは7割以上あると推察される。

もう1つが，損害保険会社が取引信用保険を取り扱うケースである。実際，日本でも東京海上日動や損保ジャパン日本興亜，三井住友海上等が取引信用保険を取り扱っている。海外勢だとAIG（米国），Zurich（スイス），QBE（オーストラリア）等がある。

取引信用保険は，通常の損害保険と同様に，多くの取引先を対象に保険を掛けてもらい，統計学の「大数の法則」を働かせることで，受け取った保険料か

らその一定割合を保険金として支払うというのがビジネスモデルになっている。このため，**保険会社は，数十社単位の取引先を対象に一括して保険に掛けることを求めてくる。**

　また，保険金は一定の自己負担割合を差し引いて払われる。たとえば，債権金額の9割は保険金として回収できるが，1割は自己負担分として自社の損失となる。

　ただ，保険会社によっては一括して保険を掛けることを必須条件とせずに，取引先1社でも保険を受けてくれるケースがある。ただ，通常この場合には，一括で掛けるよりも保険料率は高くなる傾向がある。

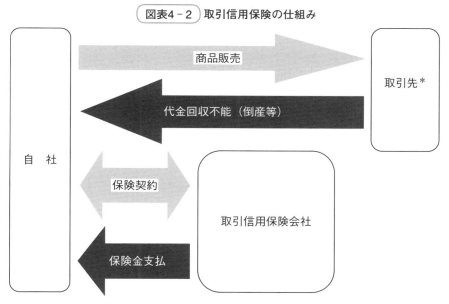

図表4-2　取引信用保険の仕組み

＊取引先は1社ではなく，自社の取引先数十社に保険を掛けることを求められるケースが多い。

（3）銀行を利用したリスクヘッジ手段（Domestic L/C，銀行引受手形）

　貿易取引におけるL/Cのように，海外の現地取引でもL/Cが多用されている国がある。こうしたL/Cは国内で発行されるL/Cなので，Domestic L/CまたはLocal L/Cといった名称で呼ばれている。Domestic L/Cはアジア地域で流通しており，インドやインドネシアのほか，以前は中国でも流通していた。

　貿易で利用されているL/Cと同様に，L/Cに基づく書類が提出されればL/C発行銀行が代金を払う義務を負う。

　Domestic L/C同様の経済効果をもたらすものとして，銀行引受手形が挙げられる。これは，取引先の振り出した手形を銀行が引き受ける，すなわち銀行が取引先の代わりに代金を支払うことを約束するものである。中国やトルコでは銀行引受手形がよく利用されている。

　Domestic L/Cにせよ，銀行引受手形にせよ，銀行を利用したリスクヘッジ手段のよいところは，信用度に多少の懸念がある取引先でも，銀行ならリスクを取れる可能性があることである。その理由は，L/C発行や手形引受けをする銀行は，取引先と普段から取引があり，日々の入出金など取引先の実態をよく把握していること，さらに預金を預かっているため預金見合いで，または心配な取引先は預金担保を設定することで十分に与信リスクを取れるからだ。

　ファクター会社や保険会社だと，こうはいかない。ファクター会社は，ファクタリング対象となっている取引では対象先と接点を持てるものの，それ以外の経常的な取引には関与できない。日々の入出金や預金の状況については，まったくわからない。

　保険会社は支払不能や倒産があってからしか，取引先とコンタクトしないのが普通であり，ファクター会社以上に企業の取引情報が入ってこない。

　こうした背景から，ファクタリングや保険は付かなくても，Domestic L/Cや銀行引受手形は入手できるということは十分にありうる。新興国企業との取引では非常に有効なリスクヘッジ手段になりうる。

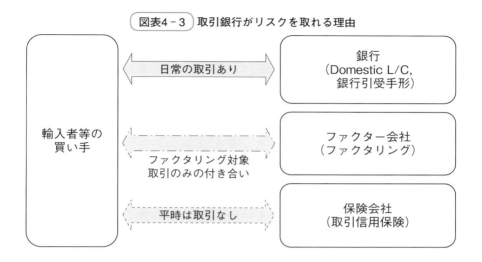

図表4-3 取引銀行がリスクを取れる理由

Q4-1　中国の決済事情とリスクヘッジ手段は？

　中国をはじめ，東アジアでは比較的手形が使われている。そして中国では，手形制度が独自の発展を見せており，有効なリスクヘッジ手段になっている。

　アジアの他の地域と同様に，中国では信用度の低い企業も多く，取引信用保険やファクタリングだけではリスクヘッジに限界がある。このため，中国でも一時期はDomestic L/Cが流通していたが，現在は手形の支払を現地銀行が引き受ける銀行引受手形が有力なリスクヘッジ手段となっている。

　まずはその前提となる手形制度から説明したい。

① **決済事情**

　中国では手形がよく利用されている。日本の取引停止処分のような不渡りに対する厳しい罰則はないが，次のような罰則や仕組みがあり，手形が入手できれば取引の安全性・利便性が高まる。

- 振出人に罰金が科せられる。

- 人民銀行が支払拒絶，支払遅延に関するブラックリスト制度を構築しており，銀行に定期的に通知しているため，不渡りを頻発するようだと銀行から融資を受けられないリスクや手形の発行を止められるリスクが高まる。
- 手形の支払人が銀行になるケースも多い。こうした手形は安全に決済される。
- 利便性の面では，日本の手形同様に割引や裏書譲渡が可能であり，現金化や他社との決済に利用できる。

そして，**中国で最もよく流通している手形が，銀行承兌匯票（銀行引受手形）である。**これは企業が振り出した手形について銀行が引受人となることで，支払は銀行が行うものだ。中国の銀行は日本と同様に上場会社が多く，格付機関が格付けをしている。一般の企業より格付けも高い傾向がある。

こうしたことから，中国ではこの手形の流通拡大が企業間信用の発展に一役買っている。

また，支票（小切手）もよく利用されている。こちらは銀行が引き受けるものではなく，企業が支払人となる点でリスクがあるが，預金残高以上の小切手の振出しが禁じられていること，呈示すれば数日で現金化されることから，比較的安全性を認められている。

【中国の手形・小切手制度】

そもそも，中国の手形・小切手制度はどのようになっているのだろうか？

中国企業を手形・小切手の発行依頼人，自社の中国子会社を手形・小切手の受取人としてその流れを見ていこう。

➤ 銀行匯票（銀行為替手形）

手形と訳されることも多いが，一覧払い決済で日本の預金小切手に近い。

預金小切手と異なる点は，手形の額面金額と実際の決済金額が異なることが

第4章　海外現地取引の決済制度とリスクヘッジ手段　　163

あることだ。なお，匯票＝為替手形と訳されるのは，申請人が手形に表記され，その依頼に基づき銀行が支払人となるため，日本の為替手形と同様に三者（依頼人・支払人・受取人）が匯票表面に記載されることになるからと考えられる。なお，日本の為替手形と違い，銀行匯票では申請人は印鑑を押す必要はない。その手順は次のようになる。

> - 中国企業は取引銀行に手形の額面金額を支払，手形を発行してもらう。銀行匯票の支払人は銀行になる。
> - 手形を受け取った中国企業は，手形額面の範囲内で実際の決済金額を記入し，商取引の決済手段として，中国子会社に手交する。
> - 中国子会社が手形を自社の取引銀行に呈示すると，手形は中国企業の取引銀行に回付される。中国子会社は記入された決済金額（手形額面額ではない）を受け取ることができる。
> - 中国企業の取引銀行は，手形額面金額と決済金額の差額を中国企業に返金する（差額がある場合のみ）。

　銀行匯票は地域の制限がないため，手形交換所区域の異なる遠隔地で利用されている。

　銀行が支払人で，かつ銀行は支払代金を事前に受け取っているため，偽造や手形要件上の不備がない限り，不渡りは生じない。中国子会社にとっては極めて安全性の高い決済手段といえる。

➢　**本票（銀行約束手形）**

　これも手形と訳されることが多いが，一覧払い決済で日本の預金小切手に近い。約束手形と訳されるのは，申請人が明記されず銀行名しか表記されないため，日本の約束手形と同様に二者（支払人と受取人のみ）のみが本票表面に記載されるからと考えられる。その手順は次のようになる。

- 中国企業が預金を保有している銀行に手形の振出しを依頼する。本票の支払人は銀行になる。
- 手形を受け取った中国企業は，手形を商取引の決済手段として，中国子会社に手交する。
- 中国子会社は手形を自社の取引銀行に呈示すると，手形が中国企業の取引銀行に回付される。中国子会社は手形金額を受け取ることができる。

本票は同一の手形交換所区域内でしか利用できない。中国企業にとっては銀行匯票のように事前に銀行に代金を支払う必要はなく，もともと預金を置いてある銀行から手形を振り出せばよい。その分利便性は高い。

中国子会社にとっては銀行が支払人であり，極めて安全性は高い。

➤ 支票（小切手）

日本の小切手とほぼ同じである。ただし，預金金額を超える金額を小切手に記入することは禁止されている。支払人と受取人の二者取引であり，本票と似ているが，支払人は（銀行ではなく）企業だという点で異なる。

その手順は次のとおり。

- 小切手の振出人となる中国企業が，その取引銀行から小切手用紙の交付を受ける。
- 中国企業は小切手に金額を書き込み，商取引の決済手段として中国子会社に小切手を手交する。
- 中国子会社が小切手を自社の取引銀行に呈示すると，小切手が中国企業の取引銀行に回付される。中国子会社は小切手金額を受け取ることができる。

小切手は，以前は同一の手形交換所区域の決済でしか利用できなかったが，現在は全国で利用できるように小切手を画像で交換するシステムが整備されている。

第4章　海外現地取引の決済制度とリスクヘッジ手段　**165**

預金金額を超える金額の小切手発行は禁止されているため，不渡りは発生しづらいが，預金残高は振出時と支払時で短期とはいえ，変動するリスクがある。**支払人は企業であり，中国子会社にとっては短期的なリスクのある決済手段といえる。**

➤ 銀行承兌匯票（銀行引受商業為替手形）

銀行承兌匯票と次の商業承兌匯票は，確定期日払いであり，日本の手形に近いものになる。銀行承兌匯票は，企業の依頼に基づき，銀行が支払人となる手形であり，支払の信頼性は高く，頻繁に利用されている。

その発行手順は次のようになる。

> - 中国企業が手形を振り出し，その取引銀行に手形の引受けを依頼する。銀行は引受けを行う前に審査を行うが，一定割合の預金を見合いにして引受けに応じることが多い。
> - 中国企業は，手形を商取引の決済手段として，中国子会社に手交する。
> - 中国子会社は手形を自社の取引銀行に取立てに出すと，手形が中国企業の取引銀行に回付される。中国子会社は手形期日から数日以内に手形金額を受け取ることができる。日本の手形と同様に中国子会社は手形を割引きに出し，事前に資金を受け取ることも可能である。

中国子会社にとっては銀行が支払人となるため，安全性が高い。以前は手形の偽造や形式不備等による不払い等のリスクがあったが，後述する電子手形の導入でそのリスクもなくなった。

中国企業にとっても，銀行匯票・本票・支票と異なり，手形金額全額を事前に銀行に支払うことも銀行口座に入れておく必要もないため，有力な運転資金のファイナンス手段になっている。

➤ 商業承兌匯票（企業引受商業為替手形）

銀行承兌匯票と同様に，企業が振り出す確定日払いの手形である。相違点は，

企業の依頼に基づき別の企業が支払を約束するという点にある。大企業のグループ企業等の支払で利用されることがあるが，銀行承兌匯票に比べると流通額は小さい。その発行手順は次のようになる。

- 中国企業が手形を振り出し，別の企業（中国企業の親会社等）に手形の引受けを依頼する。
- 中国企業は，手形を商取引の決済手段として，中国子会社に手交する。
- 中国子会社が手形を自社の取引銀行に取立てに出すと，手形が中国企業の取引銀行に回付される。中国子会社は手形期日から数日以内に手形金額を受け取ることができる。

中国子会社にとっては，企業が支払人になっているため，支払人の企業が優良企業かどうかを見極める必要がある。

図表4-4　中国の手形・小切手制度

種　類	支払人	期　日	安全度	備　考
銀行匯票 （銀行為替手形）	銀行	一覧払い	高	本票と類似 遠隔地取引で利用
本票 （銀行約束手形）	銀行	一覧払い	高	銀行匯票と類似 同一手形交換区域内でしか利用できない。 預金口座に資金があれば事前に手形代金を銀行に支払う必要はない。
支票（小切手）	企業	一覧払い	中	預金残高以上に小切手を振り出すことは禁止
銀行承兌匯票 （銀行引受商業為替手形）	銀行	確定期日払い	高	企業間信用取引でよく利用されている。
商業承兌匯票 （企業引受商業為替手形）	他企業	確定期日払い	低	流通額は少ない。

【中国の電子手形制度】

銀行承兌匯票（銀行引受手形）は電子手形の導入により，大きく安全性が高まっている。

電子手形は当局システムで制御されているため，紙の手形で行われていたような偽造はできない。

また，紙の手形の場合には，銀行承兌匯票でも手形の振出人（発行依頼者）が手形の代金を支払えない場合に，引受銀行が形式上の不備を必死に見つけ出し，支払を拒絶してくるリスクがあった。

形式の不備の例を挙げると，英数字と漢数字が一致しない，印鑑が不鮮明，手形の裏書が不連続等で，真剣に探すと意外に見つかるものだ。**こうした手形の振出しや引受け，裏書譲渡等にさまざまな人の手が加わることによって発生する不備は，電子手形であれば発生しない。**

さらによい点は，**中国政府が電子手形の利用を奨励していることだ。**中国政府は2018年1月1日以降，発行金額が100万元以上（約1,700万円）の商業手形はすべて電子手形で取り扱うよう，強制している。取引先から紙の手形ではなく，電子手形を要求するのは何ら問題にならない。

それでは，電子手形制度の概要およびその手順について見ていこう。

➢ 中国電子手形制度の概要

中国の電子為替手形システム（Electronic Commercial Draft System）は，その英文略称でECDSと呼ばれている。

電子商業匯票（電子商業為替手形）は，手形振出人がECDSを通じて，金額や支払期日等のデータを電文形式（Data Message）にて取引銀行に発行依頼するところから始まる。手形振出人は，発行依頼と同時にECDSを通じて銀行や他の企業に支払を委託する。銀行や他の企業が期日の支払に応じる（引き受ける）場合，期日に無条件で手形金額を受取人または手形所持人に支払う。

電子商業為替手形は，紙の手形と同様に次の2種類がある。

・電子銀行承兌匯票（電子銀行引受商業為替手形）：引受人が銀行の場合

・電子商業承兌匯票（電子企業引受商業為替手形）：引受人が他企業の場合

電子手形利用に際しては，振出人および受取人双方がECDSを利用できる状態にある必要がある。一般企業のECDS利用は，取引銀行のエレクトリックバンキングに装備されているECDS用のアプリケーションを追加で申し込むことで利用できる。通常はシステム構築費用はかからない。

➤ 電子手形発行／引受け〜代金回収の流れ

電子銀行承兌匯票（電子銀行引受商業為替手形）発行の流れは，次のようになる。

・中国取引先（振出人）が手形発行と引受けを取引銀行に依頼する。なお，電子商業承兌匯票（電子企業為替引受手形）の場合は，他企業に引受けの依頼をする。
・取引銀行は手形発行と手形引受けのオペレーションをし，手形データを取引所システム経由で受取人取引銀行のECDSシステムに伝送する。
・受取人取引銀行は自社（受取人）に手形データを伝送する。
・中国子会社は手形データに問題がなければ電子手形を受け取り，承諾の旨を取引所システムおよび中国取引先銀行のシステム経由で中国取引先に連絡する。

お気づきのように，**銀行引受手形のフローでは電子手形振出しと同時に手形も引き受けられる。**これは重要な点である。

後述するDomestic L/Cでは，L/C上に記載された書類を発行銀行に提出して発行銀行が引き受ける旨の通知を返してくるまでに相当の時間を要する。数週間程度掛かることもあり，この間に取引先が倒産してしまったら代金回収は保証されない。

銀行引受手形はこうしたタイムラグがなく，手形を入手すればリスクヘッジは完了する。銀行の引受けを待っている間に取引先が倒産してしまうリスクはない。

第4章 海外現地取引の決済制度とリスクヘッジ手段　169

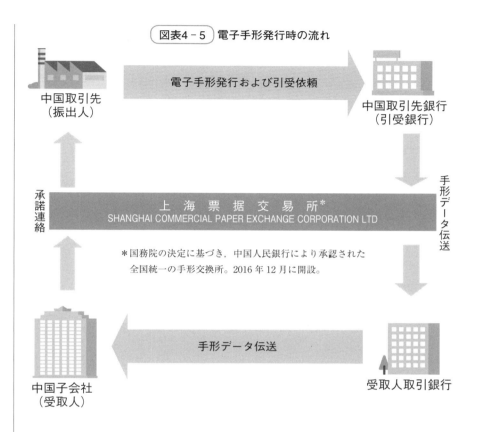

次に電子手形を取り立て，代金を回収するまでの流れを見ていこう。

- 中国子会社（受取人）が取引銀行（受取人取引銀行）のECDSシステムで手形取立依頼をする。
- 取引銀行は手形取引所システム経由で引受銀行（中国取引先の取引銀行）に取立手形のデータを伝送する。
- 期日に引受銀行が支払を行い，受取人取引銀行経由，中国子会社に代金が入金される。

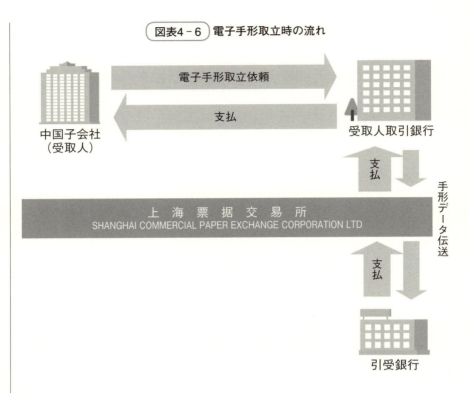

図表4-6 電子手形取立時の流れ

➤ 電子手形のメリット

電子手形には，紙の手形にはないさまざまなメリットがある。そのメリットをまとめてみよう。

- 紛失リスクの解消

　　紙の手形では紛失や盗難のリスクがあったが，現物がないため，そのリスクはない。

- 偽造リスクの回避

　　電子手形は権限者による電子署名で発行されるため，現物のコピーを眺めながら印鑑の偽造やサインの真似をすることはできない。

- 形式不備による支払拒絶リスクの回避

　　紙の手形の場合は，振出人や裏書人による書き間違いや押印のかすれ等

による形式不備を指摘されて，支払を拒絶されるリスクがあった。電子手形では，画面上に必要項目のインプットをしたうえで電子署名されたものが伝送されるため，基本的に形式不備は生じない。

- 待ち時間等の短縮

　インターネットバンキングで一連の作業が完結するため，銀行の窓口で待たされたり，手形が郵送途上でなくなる等の問題も発生しない。

- 支払期間の長期化

　紙の手形では支払期間は6ヵ月だが，電子手形は12ヵ月まで可能になった。

- 手形金額の拡大

　紙の手形では手形金額上限は1億元だが，電子手形は（取引銀行の与信判断次第だが）10億元まで振出しが可能。

➢ 電子銀行承兌匯票のメリット

　このように中国の電子銀行承兌匯票にはさまざまなメリットがある。紙の銀行承兌匯票がもともと有していたメリットと併せて，**図表4-7**に整理する。

図表4-7 中国の電子銀行承兌匯票（電子銀行引受手形）のメリット

項　　目	メリット
安全性	銀行が支払人となるため，決済の安全性は高い。
紙の手形対比のメリット	偽造は困難，形式不備も発生しないため，銀行の支払拒絶リスクが排除 紛失や盗難のリスクも解消
迅速性	手形発行と銀行引受けが同時であり，電子システムで手形を受領すればリスクヘッジは完了
簡便性	インターネットバンキングで取立・入金手続がなされ，簡便。手形割引の申込みも容易

当局のスタンス	中国当局も電子手形を推進しており，100万元以上の電子手形利用強制や10億元までの金額の拡大，12ヵ月までの手形期間の長期化等の融通性を許容。 →取引先に対しても要求しやすい。

② 支払期間

　中国の支払期間は比較的長く，70〜90日程度である。これは，日本と同様にいったん30日程度の売掛金になった後で，手形で回収するケースが多いからだと想定される。さらに支払遅延も10〜20日程度発生する。

　中国では，支払を遅らせて金利を稼ぐのが経理担当者の手腕といわれることもあり，支払遅延が起きやすい。これは担当者のモラルの問題もあるかもしれないが，**実は中国の金融事情にも関係がありそうだ。**

　中国の金融機関は貸出総量規制（貸出額の全体量の規制）や預貸率規制（預金の一定割合に貸出を抑える規制），当局による窓口指導等，さまざまな貸出量に対する縛りがある。

　このため，優良企業でさえ借入れの申込みを「当銀行は○○規制の上限に達したので，今は貸出ができない」と断られてしまうリスクがある。このため，できるだけ手元資金を残しておこうというインセンティブが働く。支払遅延は起こるべくして起きている面がある。

　日本企業にとってのポイントは，支払遅延が「取引先が手元資金を運用する／溜めておくために遅らせているもの」か，「資金繰りが厳しくて実は支払う力がないのか」を見極めることである。そのためにもしっかりと事前に取引先の調査をしておくことが必須だ。

　また，支払遅延が1ヵ月を超えるようだと，資金繰りがおかしくなっている可能性が高いので，しっかり督促し，「なぜ遅れているのか，いつなら払えるのか」取引先の実態把握をする必要がある。

　なお，支払遅延は一般的に売掛金になっている間に起きるもので，**手形に振り替われば期日どおりに支払われることが多い。**その理由は，手形になると商

業承兌匯票（企業引受商業手形）以外は銀行が支払人になるためだ。また，手形にすれば，たとえ企業引受商業手形であっても買掛債務を認めたことになり，不渡りはブラックリストに載ることから，支払の遅延は起きにくくなる。

支払遅延をするような取引先は，できるだけ早く手形を入手することが代金回収の早道だ。

③　リスクヘッジ手段

上述のとおり，最も有効なリスクヘッジ手段は電子銀行承兌匯票（電子銀行引受手形）である。では，米国や欧州のようなファクタリングや取引信用保険は利用できないのだろうか？

実は中国にもファクタリングはある。ただ，その提供主体は中国銀行等の現地銀行である。結局，取引先の信用リスクを取るのは銀行であり，その点では銀行引受手形（銀行承兌匯票）と変わらない。銀行引受手形が発行できない取引先にファクタリングが付与されることはあまりないと考えられる。ただ，**取引先が優良企業で手形の発行を嫌がり，期日払い送金にしたいと言った場合には有効な手段といえそうだ。**

また，取引信用保険もあるが，なかなか中国地場企業のリスクは取ってくれない。その理由は前述のとおり，取引信用保険会社と取引先との間に平時の取引がないためである。ただ，比較的優良な会社の場合，または一定数以上の取引先について保険を掛けることで大数の法則が働く場合には，保険が付与される可能性がある。

保険会社にとって中国は与信を取りづらい環境にあるだけに，保険が付与された場合でも，保険会社が条件を付けてくる可能性がある。いざという際に確実に保険金が出るよう保険免責条項をよく確認し，それを自社の取引先別の取引方針等に記録しておく必要がある。

保険免責事項に抵触しているのに，保険が付いているからと取引限度を超えた取引をしてはならない。

174

図表4-8 中国の取引先の特性とリスクヘッジ手段

中国の取引先の特性	• 新興国であり取引先の信用度は玉石混交。事前の取引先調査が重要 • 非公開会社でも信用調査会社経由で決算書の入手が可能。国家市場監督管理総局のサイトからもさまざまな情報が取れる。 • 中国の金融事情もあり，中国企業は支払を遅らせ手元資金を残そうとする傾向がある。 • 手形取引が一般的になっている。
リスクヘッジ手段	• 電子銀行引受手形（電子銀行承兌匯票）をもらうことが有効 • 支払期間が長くなる場合は，できるだけ早期に売掛金から電子銀行引受手形にシフトするように交渉する。 • ファクタリングは主体が銀行であり，銀行引受手形で代替される。 • 取引信用保険は，優良先や一定数以上の取引先を対象にする場合には付与される可能性がある。ただ，付与された場合でも，免責条項等をよく確認し，抵触しないように個社の取引方針等に記録しておく必要がある。

Q4-2 アジア諸国の決済事情とリスクヘッジ手段は？

　アジア諸国は発展段階がかなり異なるため，決済手段も多様である。ただ，地域共通の点もあり，また決済制度の発展段階に応じて大まかな傾向は見出すことができる。

　国の発展段階に合わせて各国の決済制度も向上していくと想定されるので，電子化の進んでいる国を中心に決済事情とリスクヘッジ手段を見ていくこととしたい。

① 決済事情概観

　アジアの大まかな共通点は，小切手が比較的流通していることだ。香港，台湾，シンガポール，タイ，マレーシア，インド等，多くの国で利用されている。

インドネシアでは小切手に加え，GIRO（bilyet giro）という銀行口座間で振替を依頼する紙での支払も一般的に利用されている。

アジアでは，時に小切手が手形のように使われる。先日付で小切手を振り出すのだ。振出日を先日付とすることで，事実上その日まで支払をしない，つまり手形のような効果を持たせている。受け取る側は振出日をよく見ておく必要がある。

タイ等では，リース料の支払に先日付小切手が使われるケースがあり，振出日が数年先ということもある。

日本，中国，韓国では手形が流通している。一方で，ベトナムでは小切手はあまり利用されていない。

大まかに手形・小切手の流通状況を分類すると次の**図表4-9**のようになる。

図表4-9 アジア諸国の銀行送金以外の主要決済手段

分　類	国　名
手形が流通（電子手形を含む）	日本，中国，韓国
小切手が流通 （電子小切手を含む）	香港，台湾，シンガポール，タイ，マレーシア，インドネシア，フィリピン，インド，バングラデシュ，スリランカ，パキスタン，ミャンマー
現金決済が主体	ベトナム，ラオス，カンボジア

現金決済が主体の国は，そもそも銀行口座保有率が低い。このため，銀行で当座預金口座の開設が必要な手形や小切手も流通していない。

ただ，例外もある。パキスタンやミャンマーは銀行口座保有率も低いものの，小切手が流通している。ベトナムは現金決済も多いが，企業間決済については比較的，銀行送金が利用されている。

決済の発展度は，国民の銀行口座保有率および銀行口座がない場合の代替手段となるモバイル決済（スマートフォン等による決済）の利用率で，その傾向を見ることができる。

この利用率も**第3章**で紹介した世界銀行のウェブサイトDatabank World development Indicatorsにて入手できる。

図表4-10 銀行口座保有またはモバイル決済利用率

国　名	銀行口座保有または モバイル決済利用率	決済電子化の動き
日本	98.2	電子記録債権 （でんさい・電手決済サービス等）
シンガポール	97.9	PayNow
香港	95.3	電子小切手（e-Cheque）
韓国	94.9	電子手形・電子売掛債権
マレーシア	85.3	Instant Transfer
タイ	81.6	Prompt Pay
中国	80.2	電子手形
インド	79.9	CTS
スリランカ	73.6	CTS
バングラデシュ	50.0	
インドネシア	48.9	
フィリピン	34.5	PESONet, InstaPay
ベトナム	30.8	
ラオス	29.1	
ミャンマー	26.0	
カンボジア	21.7	
パキスタン	21.3	

（出所：世界銀行）

　CTSとはCheque Truncation Systemの略で，小切手をスキャンして伝送交換するサービスである。PayNow, InstantTransfer, PromptPay, InstaPayは各国で名称こそ異なるが，いずれも即時の電子決済サービスである。

第4章　海外現地取引の決済制度とリスクヘッジ手段　**177**

PESONetは，日本の総合振込のように複数の送金データを扱うサービスで，即日入金されるのが特徴である。

　図表4-10の上位にある国々は，各国とも電子決済化を進めていることがわかる。たとえば日本や韓国，中国は，電子手形制度を導入し紙の手形を削減している。香港や台湾では電子小切手制度が浸透している。

② **香港・台湾の電子小切手**

　香港の電子小切手は，e-Cheque（電子支票）という名前で運用されており，次のような特徴がある。

- 紙の小切手と法的性格は同一で，手形小切手法による保護を受けられる。
- 小切手の譲渡や売却はできず，受取人向けに送付し，その銀行口座に入金することしかできない。
- 香港ドルに加え，米ドルや人民元でも発行が可能。
- インターネットバンキングを利用しており，いつでも発行できる。
- 振出し＆入金ともに銀行に行く必要はなく，インターネットバンキングで処理できる。
- **偽造は困難。電子署名であり受取人も署名を見ることができないため，真似のしようがない。**

利用手順は次のようになる。

- 小切手の振出人が，アクセス権や電子証明の登録をし，電子小切手発行サービス画面に入る。この画面に金額や受取人名，振出日を入力し，電子署名を行うと電子小切手が生成される。
- 振出人は電子小切手をPDFにてダウンロードし，e-mailで受取人に送付する。
- 受取人は電子小切手入金サービス画面に入り，入金口座を指定し，受け取った電子小切手のPDFをアップロードする。

> - 電子小切手クリアリングシステムにて，1～2日後には入金口座から資金の引出しが可能になる。

図表4-11　香港 e-Cheque発行画面および入金画面のイメージ

左が発行サービス画面，右が入金サービス画面
（出所：香港金融監督局）

　台湾の電子小切手（E-Check）も香港同様のサービスだが，香港と異なる点は譲渡や割引ができる点にある。
　台湾では先日付小切手が多く流通しており，手形のように使われているため，譲渡や割引を認めているものと考えられる。

③　シンガポール・マレーシア・タイの電子送金制度
　シンガポールは，2025年までに小切手を廃止し，電子決済に移行させる目標を立てている。マレーシアやタイも電子決済への移行を促しており，マレーシアは小切手を減らすように，マイナスのインセンティブとして小切手処理手数料を新設した。

第4章　海外現地取引の決済制度とリスクヘッジ手段　**179**

　この東南アジアの３ヵ国に共通するのは，**小切手を電子化するのではなく，電子送金決済に移行させようとしている点だ。**各国とも，銀行が営業していなくても送金ができる仕様とし，かつ送金手数料を安く抑えることで，利用者（特に振出人）の利便性を高めている。

　シンガポールではPayNow，マレーシアではInstant Transfer，タイではPrompt Payと名称こそ違うが，ほぼ同様の電子送金サービスである。

　どのサービスも24／7（24時間・7日間）というキーワードで，休日でもいつでも利用でき，資金はほぼ即時に到着する。手数料も安く抑えられている。

　シンガポールやタイでは，口座番号がわからなくても，企業ID番号（シンガポールはUEN，タイは納税者番号）がわかれば送金ができる。

図表4－12　シンガポール，マレーシア，タイの電子送金制度

利用可能時間	毎日24時間週7日（すなわちいつでも）
送金ツール	スマートフォンまたはパソコン等
入金時間	ほぼ即時
受取人口座情報	口座番号のほか，シンガポールやタイでは企業ID番号を入力すれば送金可能（事前にID番号を口座番号に紐付けることで簡易入力を実現。相手先が個人の場合は携帯電話番号または国民ID番号で送金できる）。

④　インドの小切手画像伝送システム（Cheque Truncation System）

　前述の電子小切手と異なり，**小切手現物の処理を迅速化する取り組みである。**米国がCheck 21 Act（法）のもとで実現した小切手の画像をデータ伝送して入金する仕組みと，同様のサービスである。

　インドでは小切手現物を交換所に持ち込むことなく，銀行内のスキャナーで小切手画像と磁気インクの情報を読み取って，インド中央銀行が運営する決済機関に伝送することで決済を完了させる。

　以前は，小切手現物を広いインドで交換所を経由して銀行間で受渡しをする

必要があり，相当の手間と時間を要していたが，本システムの導入で交換所地域の制約もなくなり，入金までの時間は，ほぼ1日以内に短縮化した。

また，小切手用紙も本システム用に新設され，「CTS-INDIA」の透かし等の情報が入ることで偽造を抑止できるようになった。

なお，この小切手現物を使わず画像データで決済を行う仕組み（チェックトランケーション）は，中国，シンガポール，マレーシア，タイ，フィリピン，スリランカ等でも採用されている。この仕組みが導入されたことで，小切手決済時間は短くなり，かつ紙の小切手では輸送時間の関係で実現できなかった（交換所地域を越えた）国全体での小切手交換を実現している。

⑤　アジア諸国の電子化と信用リスク

ここまでアジア諸国の電子化の進展状況を中心に決済事情を見てきた。1ついえるのは，**電子化が進むと決済が早くなり，不透明感が減少することだ。**

たとえば，意図的に支払を遅らせたいと考えている取引先がいたとする。紙の小切手の場合，銀行間での決済手続に，ひどいと半月程度掛かってしまうことがある。送金も電子化が進んでいない国では相当時間が掛かる。小切手なら相当支払までに時間稼ぎができるし，送金なら着金しないのを「銀行の事務手続が遅延しているからだろう」と誤魔化すことができる。

香港，シンガポール，マレーシア，タイ，台湾といった国々は，支払手続が迅速化されている。こうした国の企業は金融機関のせいにして，支払を遅らせることができなくなったといえる。

言い換えると，電子化が進んでいる国での支払遅延は，ほぼ取引先の責任に帰すことができる。支払遅延が，取引先の資金繰りや真面目さを表す1つの重要な指標として利用しやすくなったといえよう。

⑥　アジア諸国の不渡制度

このように電子化が進んでも，手形と先日付小切手のリスクがすべて解消するわけではない。手形が比較的安心なのは，前述の中国の銀行引受手形（銀行

第4章　海外現地取引の決済制度とリスクヘッジ手段　181

承兌匯票）と韓国の手形だ。

　アジアの多くの国では，先日付小切手も手形も日本並みの厳格な取引停止処分制度はなく，不渡りを出しても倒産に直結するようなことにはならない。ただ，各国ごとに何らかの罰則はある。こうした罰則を知っておくことは，重要であり，国別に見ていくことにする。

　まず，比較的日本と不渡制度が類似しており，手形が流通している韓国から見ていこう。韓国は1年に4回の不渡りで取引停止処分になる。この点は日本よりも緩い。ただ，1回目の不渡りから手形交換所が銀行間に情報を流すことで，金融機関は融資等に応じなくなるため，各企業は不渡りを起こさないよう努力せざるを得ない状況になっている。

　台湾は，1年間に3回の手形不渡りを出すと取引停止処分になるが，手形よりも先日付小切手が流通しているため，小切手の不渡りを減らすべく方策を練っている。台湾は，小切手の不渡りについては「取引停止処分者照会センター」に登録される。これは金融機関に限らず，一般にも公開されている点が特徴的だ。このため，取引停止処分者照会センターに依頼すれば誰でも不渡り記録が入手できる。この罰則は意外に重い。台湾の信用調査会社のレポートにもその事実は掲載されるし，誰でも情報が取れるため，不渡りを出すと取引をする会社がいなくなるリスクが高くなるからだ。

　以降も台湾と同様に先日付小切手が流通している国々について見ていこう。

　マレーシアでは，中央銀行のクレジットビューロー（信用調査機関）が資金不足による不渡り情報を含む，金融機関が持っている取引先に関する信用情報を収集し，収集した信用情報を信用報告書の形で金融機関に還元している。加えて，不渡りを出した企業は，すべての銀行の口座が一定期間閉鎖される罰則もある。

　インドネシアでは，小切手の不渡りを出した場合にはブラックリストに掲載され，全国の金融機関に情報が共有される。金融機関はその情報をもとに，口座の閉鎖や新規口座開設について拒絶する。

　タイでは，不渡りを出した小切手振出人に刑事責任が問われる。最大で1年

の懲役刑または罰金が科せられる。

フィリピンも同様に小切手振出人に対して刑事罰を問う法律がある。

インドでは，不渡りを出した振出人に対しては，刑事罰として1年未満の懲役刑または罰金が科せられる。

ベトナムは小切手の不渡りの通知を受けた受取人が裁判を開始できる制度があるが，小切手は偽造が多く，現金決済が主体になっている。

残念ながら，シンガポールと香港は不渡りを出しても，銀行手数料が請求されるだけである。

このように，日本類似の事実上銀行取引ができなくなる国，振出人への懲役や罰金等の刑事罰が科せられる国，銀行手数料のみで済んでしまう国と，国により不渡りに対する処罰はさまざまだが，今後は台湾やマレーシア，インドネシアのように企業の信用情報を共有するために公的な信用情報機関が設立され，金融機関向けに限定して情報を発信する国が増えていくと予想される。そうならなくても，民間の信用調査機関が支払遅延の情報と併せて不渡り情報を収集し発信していく可能性もある。

こう考えていくと，不渡りを出すと，どの国でも銀行取引が困難になっていく可能性が高まっていくと予想される。

日本のように手形・小切手の不渡りが倒産に直結する国は少ないが，将来的に銀行取引が困難になることが予想されることから，アジア企業も不渡りを出してはいけないと考えている。

一方で，単なる売掛金の状態だと「そのような債務は知らない」「不良品だから払わない」などと言い張られるリスクが残る。

この観点から，少し長めの売掛期間を許容するくらいなら，先日付小切手や手形をもらうことも検討すべきである。

第4章　海外現地取引の決済制度とリスクヘッジ手段　**183**

図表4−13 アジア諸国の不渡制度概観

不渡りを起こした場合の罰則	国　名
事実上の銀行取引停止	韓国，台湾，マレーシア，インドネシア
刑事罰	タイ，フィリピン，インド
銀行手数料のみ	シンガポール，香港

⑦　支払期間

アジア主要国の支払期間はおおよそ２ヵ月程度と比較的長い。また，多くの国で10日程度遅延する傾向がある。

韓国，台湾，シンガポールの支払期間は約70日程度で，日本とあまり変わらない。支払期間は60日程度だが，日本と同様に月末締めの翌々月支払等の支払条件が多いため，支払期間が自動的に平均半月くらい延びる傾向がある。３ヵ国とも支払振りは良好で，支払遅延も数日程度と見られる。

香港は，支払期間30〜60日の取引が主体だが，同様に月末で締めて払う取引が多いため，実際の支払期間は半月程度延びる傾向がある。また，支払遅延は10日程度と見られる。

タイ，マレーシアの支払期間は30〜60日の取引が主体である。支払遅延の程度は良好だが，10日程度の遅延の程度は起こりうる。

インドネシアの支払期間は30日程度もしくはCash on Delivery（代金引換渡し）が主体で，平均支払期間は25日程度と見られる。支払遅延も10日程度と見られる。

インドの支払期間は30〜90日と幅があり，平均支払期間は60日程度と見られる。支払は10日程度，遅延する傾向がある。

一方でベトナムやカンボジア，ラオスといった１人当たりGDPが3,000ドルに満たないような国では，企業間で取引信用を許容する習慣が発達していないため，多くの取引がCash on Deliveryになる。

図表4-14 アジア諸国の支払期間

国　名	支払期間
韓国，台湾，シンガポール	70日程度
タイ，マレーシア	30〜60日程度
香港	30〜60日
インドネシア	30日またはCash on Delivery
インド	30〜90日
ベトナム，カンボジア，ラオス	Cash on Delivery

⑧　代金回収リスクヘッジ手段

　アジアの代金回収リスクヘッジ手段は，銀行が提供するリスクヘッジが主体となる。中国では銀行引受手形（銀行承兌匯票）が有力なヘッジ手段だが，他の国は手形があまり流通していないため，Domestic L/Cが主体となる。

【Domestic L/C】

　Domestic L/C（国内取引で利用されるL/C）は，インドをはじめ，インドネシア，タイ，フィリピン，ベトナム等で利用されている。Domestic L/Cは次のような手順で利用されている。

- 売り手と買い手がDomestic L/Cによる支払に合意する。
- 銀行が買い手の依頼に基づき，売り手のためにDomestic L/Cの発行を依頼する。
- L/Cを発行した銀行は，売り手がL/Cに記載した書類（通常はインボイスと配送書類写し等）を提出すれば，代金を支払う。

　Domestic L/Cは，貿易取引で利用されているL/Cと基本的に同じ仕組みで，代金回収リスクを軽減する。貿易取引と同様にUCP600（信用状統一規則）準拠文言を入れることで，次の2つの法的性質を確保することも一義的には可能だ。

第4章　海外現地取引の決済制度とリスクヘッジ手段　**185**

- 独立抽象性：売買契約等と関係なく，L/C記載の条件に基づき支払がなされる。
- 書類取引性：L/C条件に合致した書類を作成すれば支払がなされる。

　この法的性質があれば，L/C条件に合致した書類さえ提出すれば，代金は回収できることになる。

　ただ，Domestic L/Cはあくまで国内取引のため，国内法が優先される可能性がある。すなわち，売買契約違反があるとしてL/C発行銀行が支払を拒絶する，不良品だとしてL/C発行銀行が支払を拒絶するといったように，2つの法的性質が無視されるリスクが残る。

　とはいえ，**UCP600準拠文言がなければ，問答無用で売買契約違反や不良品であると主張され，支払を受けられないリスクが高まるため，UCP600準拠文言は必須といえる。**

【日本貿易保険のフロンティングサービス（新取引信用保険）】

　次に有力なリスクヘッジ手段が，日本貿易保険（NEXI）のフロンティングサービスである。通常，アジア企業に対しては，欧米系の保険会社も保険を付けるのを躊躇することがある。また，保険の特性として取引先1社のみのリスクを取るのは（統計学の「大数の法則」が働かないため）保険会社のリスクが高く，数十社単位で取引信用保険を申し込むよう求められることが多い。

　「アジア企業の特定の1社だけ保険を掛けたい」。このニーズに応えられる可能性があるのが，日本貿易保険のフロンティングサービスである。

　フロンティングサービスとは，日本貿易保険の取引信用保険を日本の民間損害保険会社の海外現地法人を通じて代理販売するものである。保険を引き受ける判断をするのは日本貿易保険であり，リスクも日本貿易保険が100％取る。なお，通常の取引信用保険や貿易保険と同様に，回収事故発生時には一部自己負担分（5～20％の割合）の損失が発生する。

　日本貿易保険は貿易保険でも取引先1社のリスクを引き受けており，同様のスタンスで海外子会社の現地販売債権の保険も引き受けてくれる。また同様に，

中堅中小の海外企業のリスクも取ってくれる可能性がある。

留意点は，対象国が限定されていることで，現状だとシンガポール・香港・タイ・ベトナム・英国の5ヵ国の現地販売債権および同国からの輸出債権のみが保険の対象になる。

なお，フロンティングとは保険用語で，現地の保険販売ライセンスを持たない保険会社が，現地ライセンスを有する保険会社に保険契約をしてもらうことによって，自社の保険商品を代理販売するものである。現地保険会社に契約の前面に立ってもらうことからフロンティングサービスと呼ばれている。

図表4-15　フロンティングと再保険の違い

	フロンティング	再保険
商品	日本貿易保険の商品	現地保険会社の商品
引受割合	100%	最大50%
引受判断	日本貿易保険	現地保険会社

図表4-16　フロンティングサービス（新取引信用保険スキーム図）

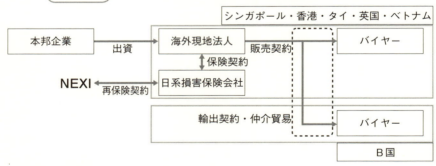

（出所：㈱日本貿易保険　ウェブサイト）

【ファクタリング】

　3つ目のリスクヘッジ手段がファクタリングである。アジアにおけるファクタリングは，現地の銀行本体またはその子会社が行っているため，ファクタリングと呼ばれることもあれば，売掛債権の買取りと呼ばれることもある。

　どちらにせよ，重要なのはノンリコースであることを確認することだ。前述のようにノンリコース（遡及権なし）の場合には，取引先が倒産しても一度受け取った代金を返還する必要はないが，リコース（遡及権あり）の場合には，期日から一定期間後に代金が払われなければ代金を返金しないといけない。

　それでは代金回収リスクヘッジ手段にはならない。

　現地銀行によるノンリコースのファクタリングは，自社の取引先が現地銀行の取引先でもあれば，応じてくれる可能性がある。ファクタリングという商品のDomestic L/Cや取引信用保険との最大の違いは，支払期日を待たずに，取り組んだ際に先に資金が入ってくることにある。

　海外子会社にとっては，有力な運転資金調達手段となり，かつ代金回収リスクもなくなる。また，海外子会社は事実上代金を回収した形になり，さらにその取引先宛ての取引限度が空くため，取引を増やしやすいという営業面の効果もある。

（図表4－17）アジアにおける現地販売取引の代金回収リスクヘッジ手段

ヘッジ手段	相手方	特　徴
Domestic L/C	現地銀行	貿易取引のL/Cと同様に有効
新取引信用保険（フロンティングサービス）	日本貿易保険（契約は現地日系保険会社）	本保険の場合は1社でも付保可能
ファクタリング（ノンリコース）	現地銀行またはその子会社	現地銀行の取引先を対象とする場合に有効。事実上回収の早期化になる。

Q4-3	欧州諸国の決済事情とリスクヘッジ手段は？

　欧州の特徴は，多くの国があること，そうした国々を跨ぐ決済制度が発達していることにある。

　欧州各国は人口が数千万人規模の国が多く，１ヵ国当たりの市場規模はそれほど大きくない。欧州全域でマーケティングをし，支払を受けることが多くなる。また，第3章で見たようにカントリーリスクの不安がある国もあり，企業の信用度にもばらつきがある。

　こうした背景を踏まえて，欧州の決済事情やリスクヘッジ手段を見ていこう。

① 決済事情

　欧州では36ヵ国を跨ぐユーロ決済制度（SEPA）が発達している。
ユーロ決済は，国内送金と同様のコスト・スピードで欧州域内の送金や銀行口座振替ができる。こうした利便性もあり，欧州では送金取引が主体となっている。

【SEPAについて】

　欧州域内の36ヵ国内の任意の口座向けに，国内決済と同様に廉価な次の３つのサービスが提供される。

- 送金（SEPA Credit Transfer）
- 銀行口座振替（SEPA Direct Debit）
- クレジットカード決済（SEPA Card Payments）

SEPA加盟国は現状，次の36ヵ国である。

第4章　海外現地取引の決済制度とリスクヘッジ手段　**189**

(図表4-18) SEPA加盟国

EU加盟国 （28ヵ国）	オーストリア，ベルギー，キプロス，エストニア フィンランド，フランス，ドイツ，ギリシャ アイルランド，イタリア，ラトビア，リトアニア ルクセンブルク，マルタ，オランダ，ポルトガル スロバキア，スロベニア，スペイン，ブルガリア クロアチア，チェコ，デンマーク，ハンガリー ポーランド，ルーマニア，スウェーデン，イギリス
EFTA加盟国 （4ヵ国）	アイスランド，リヒテンシュタイン，ノルウェー， スイス
その他（4ヵ国）	アンドラ，モナコ，サンマリノ，バチカン市国

　欧州では，通常翌営業日に到着するSEPAによる送金のほかに，即時に資金決済されるTARGET2（ヨーロッパ横断のリアルタイム決済システム）もあり，域内の支払が非常に便利になってきている。

②　支払期間

　欧州も業種ごとに支払期間は異なるが，機械やプラントを除いた一般的な商取引の場合の傾向について，述べることとしたい。

　欧州もインボイス上の支払期間は30日が多い模様にある。ただ，地域によっては支払期間が長い，または支払遅延日数が長い国もある。

　地域ごとの傾向は，次のとおりだ。

- 北欧および西欧は支払期間が30日程度で，支払遅延も10日以内に収まる。
- 中東欧（ポーランド，チェコ，ハンガリー等）は支払期間こそ30日程度だが，支払遅延は10日を超えるケースがある。
- 南欧（イタリア，スペイン，ギリシャ等）は支払期間が50日前後で，支払遅延も10日を超えるケースがあり，支払期間が伸び伸びになる傾向がある。

こうした傾向は，第3章で触れたカントリーリスクの状況（南欧はややリスクあり）ともリンクしており，**カントリーリスクのある国は支払遅延日数も含めた支払期間が長くなる傾向があるといえそうだ。**

③　リスクヘッジ手段

欧州全域を市場と捉えると，第3章で見たとおり，信用度の高い国もあれば，そうでない国もある。販売地域を広げていくと，高い信用度の取引先とリスクのある取引先がミックスされた売掛債権分布が自然にでき上がる。

取引先の信用リスクをまとめてヘッジする取引信用保険が，まさにマッチする状態にある。

欧州で販売を増やしたい企業から見ると，取引信用保険は次のような観点から非常に使い勝手がよい。

- 優良な取引先とリスクのある取引先が分散しているため，保険を掛けても，掛け損というよりは「掛けておいてよかった」と安堵する局面が比較的生まれやすい。
- 「機械的に販売先全社に保険を掛けること」と決めてしまえば，信用調査をする必要がない。すなわち，与信について考える必要がほとんどなくなり，営業に専念できる。

取引信用保険会社にとってもメリットがある。

- リスクのある取引先のみならず，優良先についても保険申込みがあるため，多数の取引先に対して保険を付与できる。こうなると統計学における大数の法則が働き，一定額の保険金支払をしつつも，それを上回る保険料を安定的に受け取ることができる。
- 非公開会社でも決算書は公開されている国が大半であり，保険会社も自社で十分審査が可能

こうして，欧州では信用調査もせずに「売掛債権の管理は保険会社に一任す

る」といった対応を取っている企業が多く，保険利用の拡大とともに欧州の取引信用保険会社も発展してきた。

　前述のとおり，世界の３大取引信用保険会社は，Euler Hermes，Atradius，Cofaceとすべて欧州の会社であり，そのほかにもベルギーのCredendo，スペインのCesce等の有力な取引信用保険会社が集積している。

(図表4－19) 欧州の取引先の特性とリスクヘッジ手段

欧州の取引先の特性	• マーケティングを欧州全域で行うため，取引先は地域的に分散，信用度も高い取引先と低い取引先が混在 • 決算書は非公開会社でも，かなりの確率で当局サイト等から入手できる。
リスクヘッジ手段	• 欧州各国に跨る取引先をまとめてヘッジできる取引信用保険が最適 • 信用度の高い取引先と低い取引先が混在しているため，まとめて保険を掛けるのが一般的。信用調査もせず，保険会社に売掛債権のリスク管理を丸投げしている会社も多い。 • 保険会社も大数の法則が働き，保険金支払の割合も安定。それに一定料率を上乗せした保険料を徴収することで保険会社のビジネスも安定的に成長

Q4－4　米国の決済事情とリスクヘッジ手段は？

　米国の決済方法は日本と大きく異なり，現地事情に適応したサービスがある。
　米国企業の信用度は比較的高く，効率的なリスクヘッジ手段が求められる。こうした背景を踏まえつつ，米国の事情を紹介したい。

①　決済事情

　米国の銀行は日本に比べると意外に倒産する。また，店舗が特定地域に集中している銀行も多いため，同行間で送金が済むということも意外に多くない。このため，銀行振込や口座振替の迅速性や信頼性が日本ほど高くない。

図表4-20 米国の小切手関連サービス

サービス名	サービス内容
Lock Box Service	小切手受取人向けのサービス 小切手入金専用の私書箱を設置しておけば，後は銀行が集金し口座に入金してくれる。
Remote Check Deposit Service	小切手受取人向けのサービス 小切手を専用のスキャナーやアプリケーション等でスキャンしネットで伝送しておけば，自社の銀行口座に入金される。 米国ではCheck21 Act（The Check Clearing for the 21st Century Act）という法律のもと，スキャナー等で電子画像化した小切手を伝送することで（現物の紙の小切手を銀行に持ち込むことなく）口座入金が可能になっている。
Positive Pay & Positive Payee	小切手支払人および受取人向けのサービス 銀行に呈示された小切手の内容と，事前に小切手発行者がインプットした小切手発行情報（小切手番号，金額，振出日，受取人名等）を付け合わせることで，偽造小切手の支払・受取りを防止する。
Controlled Disbursement	小切手支払側のサービス 米国東部標準時間の早朝に資金支払を確定させるもので，朝一番に当日支払う小切手が確定する。このため資金繰りが読みやすくなる。

　一方で小切手は支払う側にとっては，銀行に行くこともなく振込手数料も掛からず，容易に決済を済ますことができるため，非常に便利である。こうしたことから小切手が流通している。米国では小切手決済の利便性を高めるべく，さまざまなサービスが発達している。

　このようにサービスは充実しているが，小切手は（支払う側にはよくても）受け取る側にとっては資金化に時間を要するし，不渡りになるリスクもある。また紛失や偽造のリスクもある。

　このため，近年は小口の資金決済はクレジットカードでの支払を求めるケー

スが増加している。クレジットカードの決済は取引先ではなく，クレジットカード会社が行うため，決済の信頼度は高い。

また，送金決済，特に日本の総合振込と同様に比較的安いコストで小口の送金を行うACH（Automated Clearing House）決済が徐々に浸透してきている。

② 支払期間

支払期間は業種によっても大きく異なるが，機械やプラント等を除く，一般的な取引の場合について説明したい。

支払期間はとインボイスや契約書に「Net30」表記されることが多い。これは「インボイスの日付から30日以内に代金を支払え」という意味である。Netが付いているのは，割引や前払いの金額があればそれを差し引くという意味である。

支払期間の表記には，「2/10，Net30」というものもある。これは，「インボイスの日付から30日以内に代金を支払え，もし10日以内に支払ってくれれば2％の割引をする」という特約が付いているものだ。

米国企業は，DSO（Days Sales Outstanding）やCCC（Cash Conversion Cycle）という経営目標を持っている企業が多い。

DSOとは，売掛債権回転日数のことで，売掛債権額を売上高で割り365日を掛けたものだ。このDSOを短縮できれば，その分資金が早期に回収できることになり，資金が創出できる。CCCとは，仕入れてから在庫になり販売するまでに何日要しているかを表す指標だ。その計算式は次のようになる。

CCC＝売掛債権回転日数＋在庫回転日数－買掛債務回転日数

　　売掛債権回転日数（DSO）＝売掛債権額÷売上高×365日

　　在庫回転日数＝棚卸資産÷売上原価×365日

　　買掛債務回転日数＝買掛債務÷売上原価×365日

CCCとは収支ずれ＝運転資金が必要な日数である。CCCが短ければ短いほど，運転資金は不要となり，資金繰りが改善する。

こうしたことから，DSOやCCCを少しでも改善し，資金を創出するために，販売先に対し「早払いしてくれるなら2％割引するよ」という条件をぶつけるわけだ。

　ただ，この方法は借入コストと比較すると，おかしなことになる。通常30日で回収できるものを10日以内に回収する，すなわち20日早く回収すると2％を割り引く。2％も割り引いて割が合うのだろうか？

　米国企業は期日どおりに払ってこないのが普通であるため，遅くとも40日以内には回収できるとする。この場合，割引で早く回収できる日数はたかだか1ヵ月である。1ヵ月で2％を年利換算すると，2％×12ヵ月＝24％にもなる。米国の金利はそこまで高くない。金融情勢次第だが5％程度では借りられる。

　そもそも「早払いされた」と判定して2％返すという事務は結構大変で，相手が優良企業だと10日以内に払ってもいないのに誤って2％割引をしてしまうこともあるらしい。

　小切手にせよ，支払期間の表示方法にせよ，米国の商慣習を理解し，いいものだけを取り入れるというのが適切な対応かと思われる。

　また，米国企業の支払は，30日後の期日からおおむね5日程度の遅延があるというのが実情のようだ。期日どおり入金がなくても，それで取引先が資金繰りの危機に瀕しているわけではないことも頭に入れておかなければならない。

③　リスクヘッジ手段

【一般的な債権管理】

　米国企業全体を見回すと信用度の高い会社が多く，貸倒れになる確率は低い。このため，リスクヘッジ手段としては，債権全体をカバーするのに適している取引信用保険では掛け損になる可能性が高く，リスクが高い取引先にのみに限定してリスクヘッジをするファクタリングが主体になる。

　米国で取引信用保険を使う場合は，取引先を絞っても保険を引き受けてくれる保険会社を探す形となり，実際，米国の保険会社は，少数の対象先でも保険を付ける対応をしている。

第4章　海外現地取引の決済制度とリスクヘッジ手段　195

図表4-21　米国の取引先の特性とリスクヘッジ手段

米国の取引先の特性	・優良な取引先が多く，貸倒れは少ない。 ・非公開会社の場合，決算書が公開されておらず，信用調査会社の調査ポイントは支払振りや裁判・回収代行履歴等
リスクヘッジ手段	・優良な取引先が多いため，まず信用調査会社のレポートを取り，取引先のリスク度を判断 ・リスクのある取引先や大きな与信限度を許容する取引先に対して個別にファクタリングや取引信用保険を付与 ・信用調査レポートに回収代行履歴が残るのを嫌がるため，コレクションエージェンシー（回収代行業者）を利用すると，自社では回収困難な債権が回収できることがある。

　そして，米国ではリスクの高い取引先を選り分けるために，ダンレポートをはじめとする信用調査レポートがよく使われる。

　このように，**米国での債権管理は，まず信用調査レポートを取り，その結果判明したリスクの高い取引先に対してリスクヘッジ手段（ファクタリング，取引信用保険）を講じるという流れになる。**

【コレクションエージェンシー】

　また，米国ではよくコレクションエージェンシーも利用される。コレクションエージェンシーとは，どのような会社でどのような際に使うべきなのだろうか？

　コレクションエージェンシーとは，債権回収を代行してくれる業者のことだ。日本では法規制があった関係であまり利用されておらず，馴染みが薄いが，米国には多様なコレクションエージェンシーが存在する。

　コレクションエージェンシーは，支払遅延が3ヵ月を超え自社での回収が難しいと判断されるような場合に利用される。留意すべき点は，ファクタリング

や取引信用保険のように事前にリスクのある取引先に対してセットするものではなく，**リスクが顕在化した後にある程度の損害を覚悟して利用する手段であるということだ。**

支払遅延債権は数ヵ月程度であれば，自社で回収することも可能だが，3ヵ月を超えると頻繁に電話をする，粘り強い交渉をする等，相当手間を掛けないと回収が困難といわれている。

この回収困難な債権を回収するのがコレクションエージェンシーである。コレクションエージェンシーは，成功報酬ベースで債権の回収を行う。回収できた場合には相応の手数料を取られるが，支払遅延債権の回収を専門的に扱っており，回収ノウハウもある。

なお，誤解されやすいのは，コレクションエージェンシーが暴力的な取立てをするのではないか？という点だ。米国のコレクションエージェンシーの取立ては，女性が電話で行うケースが多い。何回も電話し，取引先のキャッシュフローを聞き出し，そこから取引先にとって無理のない回収計画を立て回収していく。

業界の動向にも精通し，どのように売上が立ち，いつ入金があるか傾向を把握したうえで交渉する。そのため，業界ごとに強みを持つコレクションエージェンシーが存在する。

コレクションエージェンシーには，自社とのこれまでの人的関係から取引先に甘えも生じる取立行為が，**第三者からとなることで，取引先に支払をどのように行えばよいか真剣に考えさせる効果がある。**

また，**コレクションエージェンシーへの依頼履歴は信用調査会社の信用調査レポートにも掲載される**ため，取引先にとっては「履歴を残しておくと誰からも信用されなくなる。支払を早く済ませ履歴を消してもらわないとまずい」といった自主的な支払を促す効果もある。

コレクションエージェンシーは事前のリスクヘッジ策ではなく，しっかりと債権管理ができていれば利用する機会はないかもしれない。ただ，管理していても支払遅延債権は一定割合発生してしまうものだ。そこに活用の意味合いが

第4章　海外現地取引の決済制度とリスクヘッジ手段　**197**

図表4-22 コレクションエージェンシーを利用したほうがよい取引先

取引先	理　由
新規先で督促に反応しない取引先	・十分な関係が構築できておらず，取引継続の意思も不明 ・督促しても，成果はあまり期待できない。
無責任な取引先	・取引を継続していくのが大変なだけ。 ・コレクションエージェンシーから頻繁に督促を掛けるのが有効
クレーマー	・対応できるクレームであればよいが，無理筋な場合は解決できず，ずるずると不払いが続くだけ。 ・自社が疲弊するだけであり，コレクションエージェンシーから頻繁に督促を掛けるのが有効
債務を認めない取引先	・インボイス等の証拠書類を揃えて督促しても，債務を認めない取引先は手に負えない。 ・コレクションエージェンシーから法的措置もちらつかせつつ，交渉させる。
連絡先がわからない取引先	・コレクションエージェンシーであれば住所を突き止められる可能性あり（そうしたサービスを行っている）。

ある。

　コレクションエージェンシーに依頼するタイミングは，3ヵ月以上の支払遅延が発生した時といわれている。実は，日本でも3ヵ月を超える支払遅延を起こすような会社はかなり危ない状態にあり，回収は相当困難になる。また，督促をしても無反応な会社や連絡先がわからなくなった取引先も自社では回収が困難だが，駄目元でコレクションエージェンシーを使うと，なにがしかの回収ができる可能性がある。**図表4-22**にコレクションエージェンシーを利用したほうがよい取引先をまとめているので，参照されたい。

　このように，遅延期間等を目安にして，自社では回収が難しい債権については，コレクションエージェンシーを活用することで，回収率が上がる可能性がある。前述のとおり，米国のコレクションエージェンシーは業界ごとの強みが

ある。現地の業界団体等で自社にとって有用なコレクションエージェンシーを
ヒアリングしておくことも重要だ。

2 カントリーリスクに対するヘッジ手段

　第2章で貿易取引（L/C，国際ファクタリング，貿易保険等），本章で現地
販売取引のリスクヘッジ手段について見てきたが，いずれも企業の不払いや倒
産リスクに対応するものであった。国が支払を停止するカントリーリスクにつ
いてはどのように対応したらよいのだろうか？

　「この国はカントリーリスクがあるから売らない」というスタンスでは，販
路は広がっていかない。欧米先進国のみを相手にしていては，市場の成長は限
定的だ。アジアは年率5％程度の成長を続けており，日本製品の人気も根強い。
アジアを中心に新興国のマーケットを開拓すべきである。

　**よく利用されているカントリーリスクのヘッジ手段は，日本の金融機関や日
本貿易保険にリスクを引き受けてもらうものだ。**

　グローバルに展開している日本の金融機関（邦銀）は世界の銀行とコルレス
契約（銀行相互間の為替取引契約）を結んでいる。互いに預金を預け合ったり，
日常的に相互間で送金をしている。取引の濃淡はあるが，邦銀にとってコルレ
ス銀行は，日頃から信用状態を把握している取引相手である。

　このため，カントリーリスクのある国でもL/Cさえ入手できれば，邦銀がL/C
に対する保証取引やL/C付輸出債権のノンリコースでの売却取引に応じてくれ
る可能性がある。

　また，日本貿易保険の貿易保険は，非常危険という名称でカントリーリスク
をカバーする保険を提供している。

　こうしたリスクヘッジ商品を導入しておけば，邦銀や日本貿易保険が倒産し
ない限り，カントリーリスクが発現しても代金は回収できる（保険は一部自己
負担割合あり）。

　まずは，邦銀が提供しているカントリーリスクヘッジ商品から見ていくこと

(1) L/Cコンファメーション

　L/Cベースの取引で，カントリーリスクの発現でその国が支払を停止にした場合やL/C発行銀行が倒産した場合に，邦銀が代わりに代金を支払う保証取引である。この保証をコンファメーション（確認）と呼ぶ。

　L/Cコンファメーションには，オープンコンファメーションとサイレントコンファメーションがある。

　オープンコンファメーションとは，L/C上にコンファメーションを付与する（CONFIRM）または付与してもよい（MAY ADD）という文言があるものをいい，L/C発行銀行はコンファメーションが付与されることを認識している。

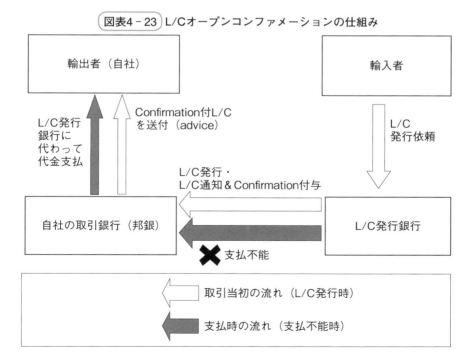

図表4－23　L/Cオープンコンファメーションの仕組み

コンファメーションの保証料は輸入者負担であることが多い。

サイレントコンファメーションとは，L/C上はコンファメーションを付与する文言（CONFIRMまたはMAY ADD）はないが，輸出者（貴社）の要請によりL/C発行銀行の知らないところで，カントリーリスクやL/C発行銀行倒産時の保証をするものだ。コンファメーションの保証料は輸出者が負担することが多い。

オープンでもサイレントでも，コンファメーションを付与した銀行がカントリーリスクの発現時やL/C発行銀行の倒産時に，代わりに代金を支払ってくれることに変わりはない。

貿易保険と異なり，L/C金額全額の支払保証をしてくれる点も魅力だ。

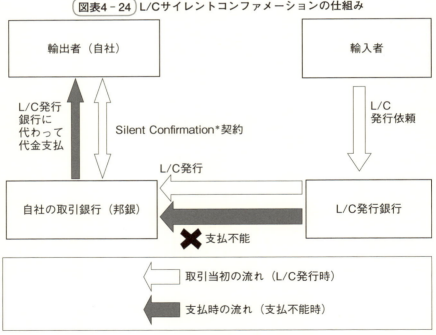

図表4-24　L/Cサイレントコンファメーションの仕組み

＊L/C上ではコンファメーション付与（または付与可能）の文言はないため，別途，輸出者（自社）と邦銀でコンファメーション契約を締結する。

第4章　海外現地取引の決済制度とリスクヘッジ手段　201

（2）フォーフェイティング

　L/Cコンファメーションと同様に，カントリーリスクやL/C発行銀行の倒産リスクをヘッジする手段であり，代金をノンリコースで先に受け取る債権売却取引である。フォーフェイト（Forefeit）とは権利を放棄するという意味で，買戻し請求権を銀行が放棄するところから来ている。

　フォーフェイティングの利用手順は次のようになる。

---

① 取引銀行（邦銀）と債権譲渡契約を締結する。
② L/C記載条件に基づく書類を取引銀行に提出する。
③ 取引銀行はL/C発行銀行に書類を提出する。
④ L/C発行銀行は期日での支払を引受け（確約）した旨の通知を送信する。
⑤ 取引銀行は引受通知の到着を確認し，金利を差し引いた代金を支払う。

　本取引では，引受通知が到着しない限り，取引銀行から代金は払われない。このためフォーフェイティングは，書類を提出すると代金が支払われるAt Sight（一覧払い）の取引では利用できない（利用するタイミングがない）。

　フォーフェイティングは買戻し請求権のない取引であり，代金を受け取ってしまえば，その後に国が対外支払を停止したり，L/C発行銀行が倒産しても代金を返す必要がない。このため，カントリーリスクもヘッジできることになる。

　ノンリコースの債権売却取引に共通する点だが，営業上もメリットがある。フォーフェイティングが成立すれば，事実上債権は回収できたことになるため，与信限度が切迫していてもその分与信枠が空く。再び新規の販売ができるようになる。

　留意点は，L/C発行銀行から引受通知が来るまではフォーフェイティングはできないので，（短期間ではあるが）その間にカントリーリスクが発現した場合には，代金回収の保証が得られないことだ。前述のようにAt Sight取引には利用できないこともあって，短期間のリスクも回避したい場合には，コンファ

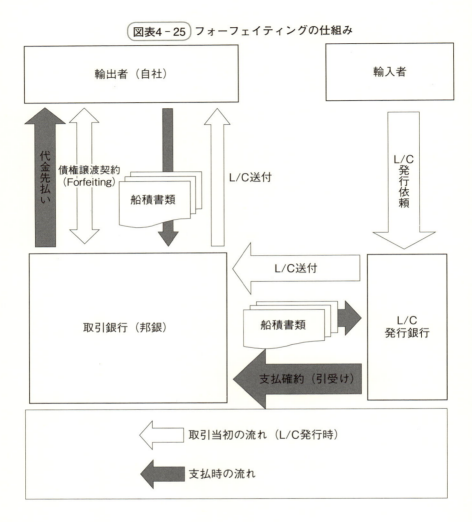

図表4-25 フォーフェイティングの仕組み

メーションのほうが有効である。

(3) 邦銀が提供するカントリーリスクヘッジ商品の留意点

　ここまで見てきたように，邦銀が提供しているカントリーリスクヘッジ商品は，基本的にはL/Cベースの取引である。カントリーリスクヘッジに有効な手

段であることは間違いないが，1つ留意点がある。

それは，邦銀がリスクを取れない銀行が発行するL/Cを入手しても，こうした商品は利用できないということだ。言い換えると，カントリーリスクヘッジをするためには，最初に邦銀がコルレス契約をしており十分にリスクの取れる銀行のL/Cを入手することが重要になる。

最近は，各邦銀がコンファメーションやフォーフェイティングの対象銀行リストを作成している。ただ，そのリストに載っている銀行でも，邦銀のその銀行に対する与信限度枠が一杯になっていたら，枠が空くまで待たなければならない。

このため，**邦銀から対象銀行リストをもらい，そのリストに掲載されていて十分に限度枠がある銀行からL/Cを入手することが肝要である。**

また，どの銀行のL/Cが安全かを考える際には，その国における銀行の総資産ランキングをチェックすることもお勧めしたい。

総資産ランキングは絶対的な安全指標ではないが，大きい銀行はつぶれにくい傾向がある。なぜなら，そうした銀行が倒産した場合には，多数の国民や法人の預金がおろせなくなったり融資が止まったりと，社会に多大な影響が出るからだ。

このため，大きな銀行は倒産しそうになっても政府や中央銀行が健全な他の銀行と合併させたり，公的資金を入れる等の対策を打つことで，救済する傾向がある。普段から中央銀行も銀行の経営状態をチェックしており，危険な兆候があれば早い段階から対策が練られる。

他方，ランキングの低い銀行は，国による支援を受けられる可能性が低い。中央銀行の監視の目も緩く，突然倒産するリスクもある。

もちろん，規模が小さくても健全な銀行はたくさんある。ただ，グローバルな経済危機やその国全体が危機に陥った場合でも，ランキング上位の銀行には，何らかの支援策が取られることを念頭に置いておくべきだと思われる。

（4）貿易保険

①　日本貿易保険の場合

　貿易保険の代表的な商品である日本貿易保険の貿易一般保険について，まず紹介したい。

　貿易一般保険は，非常危険という名称でカントリーリスクによる不払いに対して保険金を受け取ることができる。その手続は次のような流れになる。

【海外商社名簿の登録】

　日本貿易保険の海外商社名簿に，自社が保険を掛けたい買い手が記載されているかどうかを確認する。もし記載されていない場合は，日本貿易保険に信用調査会社の信用調査報告書等を提出し，格付けと引受けの可否を判断してもらう。

【保険の申込み・保険契約の締結】

　日本貿易保険が保険を引き受けることが可能な取引先の場合には，輸出または仲介貿易の内容を保険申込書に記入し，事故発生時（保険金請求時）に必要となる売買契約を取引先との間で締結する。この際に取引先のサインが必要なので，普段はインボイスのやり取りだけの取引先でも，しっかり売買契約書を締結する必要がある。

　次に保険契約を締結し，保険料を支払う。この際にてん補率を決める。

　てん補率とは，対象債権に対する保険金の負担割合のことで，一部は自己負担することを求められる。貿易保険の最大のてん補率は非常危険（カントリーリスク）で97.5％，一般危険（取引先の倒産や3ヵ月以上の支払遅延リスク）が90％となる。このため，カントリーリスク発現の場合は最低でも2.5％，取引先の倒産や3ヵ月以上の支払遅延の場合には10％は保険金がおりず，自社の損失となる。

【事故発生】

保険金を請求する事故が発生した場合には、以下のような各種報告義務があるので、忘れずに報告しないといけない。**報告しない場合、保険金請求ができなくなるリスクが生じる。**

- 取引先の倒産（破産手続開始の決定またはそれに準ずる事由）を知った日から15日以内に、事情発生通知を提出
- 支払遅延の場合には、決済期限から45日以内に損失等発生通知を提出
- 損失等発生通知の提出後に取引先から入金があった場合には、1ヵ月以内に入金通知を提出
- 保険金の請求は決済期限から9ヵ月以内。この期間内に請求または請求期間を猶予してほしい旨の申請を行わないと失効となり、保険金が受け取れなくなる可能性がある。

図表4-26 日本貿易保険の貿易一般保険における事故発生時の手続

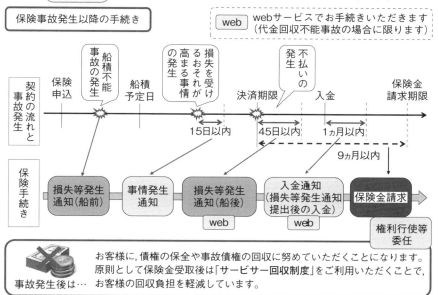

(出所：㈱日本貿易保険　貿易一般保険（個別）パンフレット)

② 外資系保険会社の場合

次に，外資系取引信用保険会社が提供する貿易保険についてだが，基本的な商品設計は日本貿易保険とそれほど変わらない。

なお，カントリーリスクとは離れるが，外資系損害保険会社は，日本貿易保険のフロンティングサービスで現状カバーできない中国企業向けの取引信用保険も提供している。こうした有力保険会社の日本法人や日本支店に相談してみると，輸出債権に加えて，現地販売債権のリスクヘッジ手段も広がる可能性がある。

また，大手銀行系の保険代理店が，有力3社のみならず日本に進出していない保険会社の取引信用保険についても比較検討，紹介するサービスを提供している。保険の選択肢を増やしたい場合は，銀行経由で相談してみるのも有効である。

（5）取引先の海外拠点を利用したリスクヘッジ

ここまで，銀行や保険会社等の第三者によるリスクヘッジ手段について述べてきたが，**取引先の海外拠点を活用するのも有効なカントリーリスクヘッジ手段になりうる。**

たとえば，アジアのカントリーリスクのある国に所在する取引先があったとする。その取引先の子会社がシンガポール等のカントリーリスクの小さい国にあった場合，次のような方法でカントリーリスクをヘッジすることが可能だ。

- 売買契約の相手先をシンガポール子会社にする。
- 商品は直接取引先に送る。
- 代金は契約対象のシンガポール子会社から回収する。
- シンガポール子会社は，取引先から代金を送金等で受け取る。

こうしておけば，もし取引先の所在国でカントリーリスクが発現し，その国からの支払が受けられない状態になっても，シンガポール子会社からの代金回収は問題ない。

第4章　海外現地取引の決済制度とリスクヘッジ手段　207

　ただ，シンガポール子会社に資金がなく，取引先からの資金支援に頼っている場合には，取引先からの資金支援が止まることで，シンガポール子会社の支払も受けられなくなる可能性が高い。このため，シンガポール子会社がいざという際に独力で資金を支払える状態にあるかを信用調査等で調べておくことも重要になる。

　類似の方法で，カントリーリスクのある国に強い販売代理店に販売し，販売

図表4 – 27　取引先の海外拠点を利用したカントリーリスクヘッジ

＜本来の商流＞

自社　→　商品　→　カントリーリスク有国所在の取引先

代金回収にカントリーリスクあり

＜カントリーリスクヘッジ後＞

自社　→　商品　→　カントリーリスク有国所在の取引先

代金回収　←　シンガポール子会社　←　代金回収

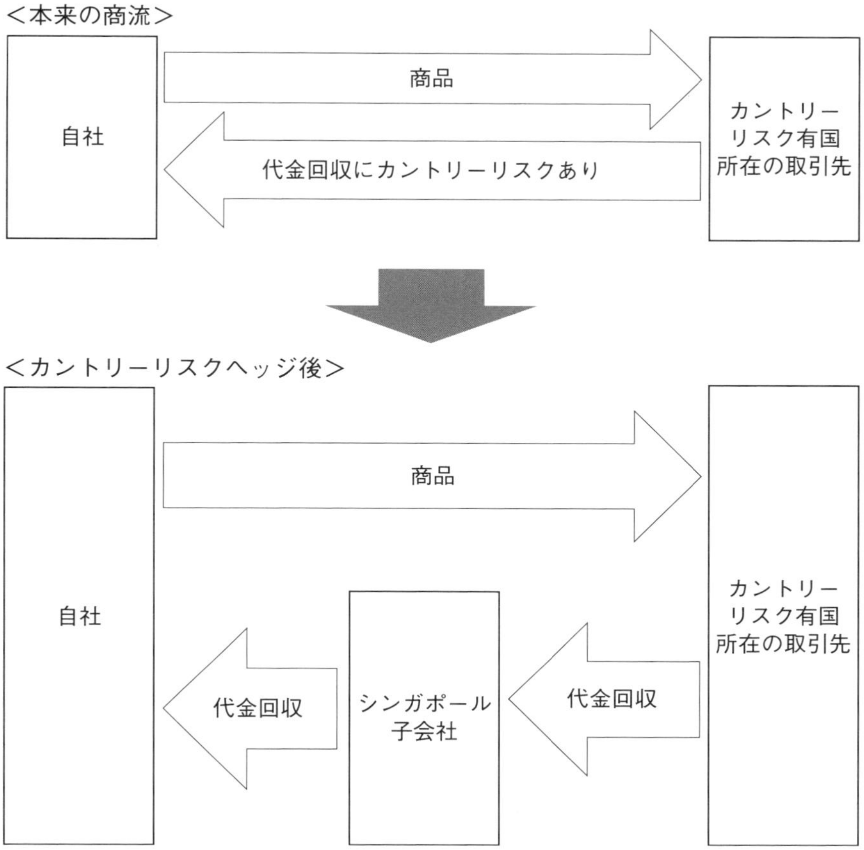

代理店からその国に売ってもらうという方法もある。この方法も，カントリーリスクが発現した場合に販売代理店の代金回収が滞るので，販売代理店から支払を渋られるリスクが残る。

本手法は銀行商品や保険に比べると，リスクヘッジ効果に多少の不透明感は残るものの，充分に検討に値する手段であるといえよう。

3 現地販売取引におけるカントリーリスクヘッジ

これまで貿易取引におけるカントリーリスクヘッジについて述べてきたが，現地販売取引におけるカントリーリスクヘッジは考えなくてよいのだろうか？

現地販売の資金決済はあくまで現地で行われることから，普通に考えると日本でのリスクヘッジ手段はないし，カントリーリスク＝対外支払の停止と捉えれば国内の支払は受けられるはずなので，こうしたリスクは検討する必要はないのかもしれない。

ただ，実際はこのリスクのヘッジも考え，対応している企業がある。

海外子会社の資産はグループ全体の資産である。その資産が目減りしたり，資産が凍結され必要な時に使えない状況は，リスクと捉えなければならない。

（1）カントリーリスクヘッジの手順

現地販売取引のカントリーリスクをヘッジするには，次のような2つのアクションが必要となる。

---

① 海外子会社がカントリーリスクのある国に所在する場合，その子会社が持っている資金は可能な限り，日本本社に吸い上げる。

② 資金をできるだけ吸い上げるために，資産を現金化する。多くの海外子会社にとって最大の資産は，売掛金である。そこで売掛債権を現地銀行に売却し，資金化する。

この売掛債権の売却はノンリコースである必要はない。現金化できればよい

からだ。銀行もノンリコースの売却については，審査対象が現地企業となるため，その現地企業と取引があり「この会社は優良企業である」と判断しない限り受けてくれない。ところが，リコースの売却については，審査対象は自社の子会社である。邦銀の海外支店であれば応じてくれる可能性が高い。

時系列にまとめると，次のようになる。

①　売掛債権を銀行にリコースベースで売却し，現金化する。

②　その資金を日本の本社に配当や子親ローンの形で吸い上げる。

子親ローンというのは，子会社から親会社への貸付けのことである。通常，配当金は子会社に配当可能利益が溜まっていないと送金できない。たとえ現金が溜まっていても，繰越欠損が残っていたり利益が出ていなければ資金は吸い上げられないことになる。**その点，子親ローンには配当可能利益の制約はない。資金さえあれば送金できるのだ。**

子親ローンは子会社にとっても便利である。配当金で吸い上げられてしまうと，子会社で資金が足りなくなった時には別途親子ローンや増資の手続を踏まなければならない。子親ローンの場合には，借りている資金を返すだけなのでそうした手続は不要だ。

このように手軽な子親ローンだが，2つ留意点がある。

1つは手軽にできるがために，外為（送金）規制を掛けている新興国が多いことだ。たとえば中国は，子親ローンを行うには当局の認可が必要だ。アジアの他の国々も金額に限度を設けている国が多い。アジアで自由に子親ローンができるのは，シンガポールと香港くらいである。残念なことに，カントリーリスクのある国ほど投資された資金が流出していくのが怖いので，子親ローンを規制する傾向がある。

2つ目は，金利を払う必要があることだ。子会社からだからといって金利ゼロで借りることはできない。第三者から借りることをイメージして借入通貨での金利（通常は円金利よりも高い）を支払わないと，移転価格税制上の問題が発生する。

以上の留意点を踏まえつつ，子親ローンの現地規制状況を銀行に確認するこ

とをお勧めしたい。

　子会社から資金を吸い上げる方法はもう1つある。それはロイヤルティを送

図表4－28 現地販売のカントリーリスクヘッジ手法

（STEP1）　売掛債権を銀行に売却，現金化する

現預金	売掛金等
売掛金（現金化）	借入金
固定資産	自己資本

（STEP2）　現金を配当や子親ローンで日本本社に吸い上げる

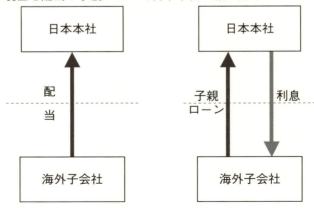

（このほかにロイヤルティで吸い上げる方法もある）

第4章　海外現地取引の決済制度とリスクヘッジ手段　**211**

金させることだ。ただロイヤルティの送金は，事前にロイヤルティ契約を締結
しておかないとできない。

　配当可能利益がないので配当できない，子親ローンも規制でできないといっ
た場合の第3の手段として，事前に親会社が提供している有形無形のノウハウ
に対して，ロイヤルティ契約を結んでおくということも検討しておきたい。

（2）持株会社の活用

　ここまで資金を吸い上げる取引先は，日本本社という前提で説明してきた。

　実は，カントリーリスクのある国から資金を吸い上げる取引先は，日本本社
でなくても構わない。**カントリーリスクのない国であれば，どこでもいいのだ。**

　日本企業が資金を集中させる国としてよく選んでいるのは，アジアだとシン
ガポール，欧州だとオランダや英国等である。こうした国々はカントリーリス
クが小さいことはもちろんだが，資金の移動が自由で金融市場も発達している。
すなわち，必要な時には日本本社に各国に集めた資金を吸い上げることもでき
るのだ。

　アジアに複数拠点があるような場合には，シンガポールの子会社を持株会社
としてここに資金を集め，アジアの他の国への新規投資に充てる事例は多い。
また，こうした持株会社を設置しておくと，次のように為替リスクが軽減され
るメリットもある。

【シンガポール持株会社設置で為替リスクが軽減される理由】

①　日本本社に資金を集中させた場合の為替リスク

　資金を日本本社で吸い上げる場合，通常は海外現地法人から米ドルや現
地通貨を吸い上げることになるが，日本ではこの資金を外貨のままで保有
しておくと期末にその時の為替レートで評価替えしないといけない。評価
替えする都度，為替差損益が発生する。

それが嫌だからといって吸い上げた資金を円転してしまうと，将来別の国に再投資する際に再び円を米ドルや現地通貨に換えないといけない。その際に円安になっていたら，高値で外貨を買わなければいけなくなる。このように日本に資金を集めると，どうしても為替リスクが大きくなる。

② シンガポールに持株会社を設置した場合の為替リスク

　シンガポールに100％出資の子会社を設立し，ここからアジア各国に投資をする事例を考えてみよう。

　配当はシンガポール子会社に集まる。子親ローンもシンガポールに集めることができる。集めた米ドルや現地通貨は，シンガポール子会社に米ドルで溜めておく。溜めておいた米ドルは米ドルのまま，または現地通貨に換えてアジアの別の国に投資する。

　シンガポール子会社は米ドルが主要な収入通貨になるため，米ドルを決算通貨（機能通貨）として登録することが可能だ。この登録が認められれば，米ドルで決算ができるため，米ドルをいくら持っていても為替差損益は発生しない。仮に米ドル決算が認められなくても，米ドルとシンガポールドルは比較的連動しているため，米ドルの為替変動リスクは小さい。

　さらに，アジア通貨はみな米ドルと連動するように中央銀行が為替相場を保とうとするため，シンガポール持株会社の受取時の現地通貨→米ドル，支払時の米ドル→現地通貨の為替リスクも小さい。

　このようにアジア域内で投資をしていく場合には，シンガポール持株会社で資金の集中管理をすると為替リスクが軽減される。

　シンガポールでは，持株会社（統括会社）に対する税務優遇制度もある。また同国に管理責任者を置けば，容易にアジア域内を移動できるため，数字のやり取りだけでなく実態面の管理もしやすくなる。

　同様に，欧州地域でも，中東欧，南欧等のカントリーリスクのある国の資金をオランダや英国に集める戦略は有効である。

なお，こうした持株会社は日本本社100％子会社になる。本社で研究開発等の資金が必要な場合には，シンガポールやオランダ，または米国等の持株会社からいったん日本本社に資金を吸い上げることができる。この資金吸上げは純粋に資金需要に基づくもので，カントリーリスクのヘッジではない。

なぜなら，カントリーリスクのヘッジは安全な国に資金を移した時点で完了しているからだ。

日本に吸い上げるにせよ，持株会社に吸い上げるにせよ，カントリーリスクのヘッジとして，カントリーリスクのある国からカントリーリスクの低い国に資金を移しておくという戦略は，広義のカントリーリスクヘッジ手法として，

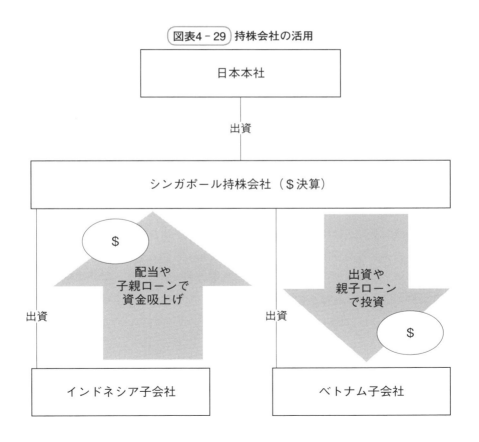

図表4-29 持株会社の活用

しっかりと検討しておきたいところである。

　シンガポール持株会社が米ドル決算の場合，インドネシア子会社から米ドルを吸い上げ，ベトナム子会社へ米ドルで投資を行っても，為替差損益は発生しない。

4　海外子会社投資におけるカントリーリスク

　これまで貿易や現地販売取引の代金回収に関わるカントリーリスクについて見てきたが，海外子会社投資で投下した資金が回収できるかどうかという，より長期的な視点でのカントリーリスクもある。実際に「海外子会社投資のカントリーリスクをどう考えればいいのか？」という相談を受けることも多い。

　海外子会社投資におけるカントリーリスクにどのようなパターンがあって，どう対処すべきか考えていくこととしよう。

（1）海外子会社が国から接収されるリスク

①　リスクの内容

　海外子会社が国から接収される。戦争や内乱で政権が代わり外資系企業はみな国有化される。数こそ少ないがそうした事例は実際に起きている。

　古くは日系企業のベトナム製造子会社が，ベトナム戦争時に同国政府に接収されている（その会社は政情が落ち着いた後に再進出を果たしている）。

　2000年には，日系企業のオランダ子会社が46％の株式を持っていたチェコの銀行が，チェコ政府から他の銀行への事業譲渡を強制された。この事例は国際仲裁に持ち込まれ，日系企業のオランダ子会社が賠償金を勝ち取っている。この勝訴の背景には，オランダとチェコとの間で交わされていた投資協定の存在があった。

　投資協定とは，投資を行う環境を整備し投資家およびその投資財産を保護する国家間の条約のことで，日本政府も各国と投資協定を締結し，海外投資の安全性を高める努力をしている。

第4章　海外現地取引の決済制度とリスクヘッジ手段　　**215**

　近年は投資協定を単独で締結することに加え，EPA（経済連携協定：Economic Partnership Agreement）の中に投資章という条文を設け，投資協定の内容についても自由貿易協定と併せて包括的に締結するケースが増えている。最近だとTPP（環太平洋パートナーシップ）に投資章が盛り込まれ，参加国への投資保護が確保されている。

　日本の投資協定のネットワークはアジアを中心に世界に広がっており，多くの国で日本企業の海外投資を保護する基盤ができ上がってきている。

　すなわち，**図表4-30**に掲載の日本の投資協定またはEPA投資章締結国であれば，万が一海外子会社が接収されそうになった場合にも，国際仲裁に持ち込むことができるわけだ。

図表4−30 投資協定締結国（発効済み国・EPA投資章締結国を含む）

地　域	国　名	協　定
アジア	中国（1989年5月14日発効）	投資協定
	香港（1997年6月18日発効）	投資協定
	韓国（2003年1月1日発効）	投資協定
	日中韓（2014年5月17日発効）	投資協定
	モンゴル（2002年3月24日発効）	投資協定・EPA
	ベトナム（2004年12月19日発効）	投資協定・EPA TPP
	カンボジア（2008年7月31日発効）	投資協定
	ラオス（2008年8月3日発効）	投資協定
	ミャンマー（2014年8月7日発効）	投資協定
	シンガポール（2002年11月30日発効）	EPA・TPP
	マレーシア（2006年7月13日発効）	EPA（TPP手続中）
	タイ（2007年11月1日発効）	EPA
	インドネシア（2008年7月1日発効）	EPA

アジア	ブルネイ（2008年7月31日発効）	EPA（TPP手続中）
	フィリピン（2008年12月11日発効）	EPA
	インド（2011年8月1日発効）	EPA
	スリランカ（1982年8月4日発効）	投資協定
	バングラデシュ（1999年8月25日発効）	投資協定
	パキスタン（2002年5月29日発効）	投資協定
大洋州	パプアニューギニア（2014年1月17日発効）	投資協定
	オーストラリア（2015年1月15日発効）	EPA・TPP
	ニュージーランド（2018年12月30日発効）	TPP
中東	トルコ（1993年3月12日発効）	投資協定
	クウェート（2014年1月24日発効）	投資協定
	イラク（2014年2月25日発効）	投資協定
	サウジアラビア（2017年4月7日発効）	投資協定
	イラン（2017年4月26日発効）	投資協定
	オマーン（2017年7月21日発効）	投資協定
	イスラエル（2017年10月5日発効）	投資協定
アフリカ	エジプト（1978年1月14日発効）	投資協定
	モザンビーク（2014年8月29日発効）	投資協定
	ケニア（2017年9月14日発効）	投資協定
欧州	スイス（2009年9月1日発効）	EPA
ロシア・周辺諸国	ロシア（2000年5月27日発効）	投資協定
	ウズベキスタン（2009年9月24日発効）	投資協定
	カザフスタン（2015年10月25日発効）	投資協定
	ウクライナ（2015年11月26日発効）	投資協定
米州	ペルー（2009年12月10日発効）	投資協定・EPA（TPP手続中）
	コロンビア（2015年9月11日発効）	投資協定
	ウルグアイ（2017年4月14日発効）	投資協定

米州	メキシコ（2005年4月1日発効）	EPA・TPP
	チリ（2007年9月3日発効）	EPA （TPP手続中）
	カナダ（2018年12月30日発効）	TPP

投資協定・EPA等複数条約締結国の発効時期は最も古いものを記載。
（出所：経済産業省通商白書2018・外務省ウェブサイトより筆者作成）

　図表4-30の発効とは，国内議会での承認手続が済み，条約が利用できる状態になっていることを示す。このため，条約の署名は済んでいるが国内議会の承認が済んでいない，おそらく近々条約が利用できる見込みの国々がある。そうした国は図表4-31のとおりである。

　なお，TPP11で国内手続が終了していない国（マレーシア，ブルネイ，チリ，ペルー）は，いずれも投資協定や二国間のEPAで投資協定を締結している。

図表4-31　投資協定署名・発効未済国（EPA投資章締結国を含む）

地　域	国　名	協　定
中東・ アフリカ	ヨルダン	投資協定
	UAE	投資協定
欧州	アルメニア	投資協定
米州	アルゼンチン	投資協定

（出所：外務省ウェブサイト）

　このように，投資協定ネットワークはかなり整備されてきた。アジアでは台湾も2011年に日台民間投資取り決めを締結しており，残っているのは北朝鮮，アフガニスタン，トルクメニスタンくらいである。

　一方で中南米はブラジル，ベネズエラといった大西洋側の主要国との投資協定がなく，アフリカもエジプト，モザンビーク，ケニア以外の投資協定がない。依然として接収リスクが残っている国もあることに留意しておきたい。

② 対応策

こうした日本が投資協定を締結していない国に投資をする場合，接収リスクをどのようにヘッジしたらよいのだろうか？　日本政府が条件を締結するまで待つしかないのだろうか？

その対応策は，前述のオランダ子会社の事例が参考になる。実は，オランダの投資協定ネットワークは日本より網羅性が高い。日本から直接投資をするのではなく，オランダから投資をすることでその投資協定ネットワークを活用する。いざという時はその投資協定を利用し，国際仲裁に持ち込むのである。

オランダはアルゼンチンやキューバといった中南米の国々，ナイジェリアやケニア，エチオピアといったアフリカ諸国と投資協定を締結している。

オランダと並んで日本企業の持株会社が多く設置されている英国も，同様に多数の国々と投資協定を締結している。

国際連合貿易開発会議（UNCTAD）のウェブサイトを閲覧すると，投資対象国がどこと協定を締結しているかを調べられる。こうしたサイトを見ながらどこから投資をするのが安全かをチェックする。

たとえば投資対象国をナイジェリアとした場合，投資協定を締結しているのは図表4-32の国々である。この中でIn force（発効の意味）と書かれている国は協定が利用できる状態にある。

ナイジェリアであれば，日本は投資協定を締結していないが，オランダ・英国・フランス・ドイツ・スイス等は締結している。

こうした協定締結国の中から，自社の既存の子会社配置やその国の持株会社の誘致姿勢等を勘案して，どこから投資するといったことを検討していけば接収リスクはある程度ヘッジできる。

なお，繰り返しになるが，持株会社は資金が集中する拠点になるため，協定締結国の中でカントリーリスクの低い国に設置しておくべきである。

第4章　海外現地取引の決済制度とリスクヘッジ手段　**219**

図表4-32 UNCTAD　Investment Policy Hubの見方

ナイジェリアの投資協定締結国　確認例

Nigeria

Bilateral Investment Treaties (BITs)　　　Treaties with Investment Provisions (TIPs)　　　Investment R

NO.	SHORT TITLE	STATUS ▼	PARTIES
1	China - Nigeria BIT (1997)	Terminated	China
2	China - Nigeria BIT (2001)	In force	China
3	Germany - Nigeria BIT (2000)	In force	Germany
4	Finland - Nigeria BIT (2005)	In force	Finland
5	Nigeria - Sweden BIT (2002)	In force	Sweden
6	Nigeria - Spain BIT (2002)	In force	Spain
7	Italy - Nigeria BIT (2000)	In force	Italy
8	Nigeria - South Africa BIT (2000)	In force	South Africa
9	Nigeria - Romania BIT (1998)	In force	Romania
10	Nigeria - Switzerland BIT (2000)	In force	Switzerland
11	Nigeria - Serbia BIT (2002)	In force	Serbia
12	Korea, Republic of - Nigeria BIT (1998)	In force	Korea, Republic of
13	Nigeria - Taiwan Province of China BIT (1994)	In force	Taiwan Province of China
14	Netherlands - Nigeria BIT (1992)	In force	Netherlands
15	France - Nigeria BIT (1990)	In force	France
16	Nigeria - United Kingdom BIT (1990)	In force	United Kingdom

（出所：UNCTAD　https://investmentpolicy.unctad.org/international-investment-agreements/by-economy）

（2）送金停止となるリスク

①　リスクの内容

　投資した国から資金を吸い上げようとした際に，その国が対外支払を停止（送金停止）をしたら，配当や子親ローン，ロイヤルティ，いかなる手段を用いようとしても資金は送られてこない。

　このリスクは，これまで述べてきた貿易取引におけるカントリーリスクと同じであり，分析方法は第3章で述べたとおりである。ただ，貿易取引と多少異なる点もある。それは取引相手が海外子会社であることだ。

　海外子会社からの送金は当面はできなくても，対外支払停止が解消するのを待っていれば，送金可能になる時が来る可能性がある。

　カントリーリスクは十年単位で考えると解消することが多い。過去に破綻した国がそのまま半永久的に破綻したままでいる例はそれほど多くない。たとえばアジア通貨危機の際にはタイ，インドネシア，韓国と多数の国が通貨暴落に見舞われ，主要銀行も倒産したが，IMFの支援等で立ち直った。

　戦争や内乱も永久に続くことはあまりない。いずれは平和な状態が来る。この際に留意しなければならないのは，海外子会社が接収されるリスクだが，これは投資協定である程度ヘッジできる。

　そういう意味では，長い目で見れば送金停止問題は解決する可能性が高い。

　しかし，カントリーリスクに晒されている間に資金が目減りして，送金ができるようになっても子会社に資金が残っていないというリスクは充分に起こりうる。その対応策はないのだろうか？

②　対応策

　海外子会社の送金停止リスクへの対応策は，前述の海外子会社の持つ売掛金を現金化して，日本本社や持株会社に資金を吸い上げておくことだ。そこで，資金を確保しておくことが有効な対応策になる。

　資金を確保しておけば，カントリーリスク発現による混乱が落ち着いた時，

事業を再開する原資になる。

　逆に，資金を吸い上げておかなければ，海外子会社が溜めていた資金はそのうちに枯渇し，カントリーリスク解消後も事業再開は困難になるといったことになる。**海外子会社は資金を吸い上げられることを嫌がるかもしれないが，実はカントリーリスクに遭遇するかもしれない海外子会社を救う手段なのだ。**

（3）為替リスク

①　リスクの内容

　海外子会社におけるカントリーリスクの3つ目のリスクが為替リスクだ。

　リスクを被害額と頻度に分けて考えると，最も頻度が高いどころか，常に影響を受けているのが為替リスクである。各リスクのイメージは次のようになる。

図表4-33　海外子会社におけるカントリーリスクの頻度と被害額

リスク	頻度	被害額
国に接収されるリスク	低	最大（子会社の全資産を取られる）
送金停止リスク	中	大（送金停止中に資産が消滅）
為替リスク	高	中（相場次第，資産が大幅に目減りすることも）

　為替リスクには平時でも晒されている。そして，**カントリーリスクが発現する際にはその国の通貨も暴落するため，リスクは増幅される。**そういう意味では一番ケアしなければならないリスクかもしれない。

　海外投資における為替リスクは，長期的に考える必要があり，通常の商取引における為替リスクとは別のアプローチが必要だ。海外子会社投資の回収は通常配当で行うが，そもそも海外子会社から上がってくる配当金を正確に見込むことは難しい。時期も金額もよくわからない配当の為替を為替予約等で長期的にヘッジすることは事実上無理だといっていい。

　このため，十年単位で投下した資金が回収できるか，どの程度為替相場の変

動で目減りしてしまうかをおおよそ見込んでおくというアプローチにならざるを得ない。

「そんな長期の為替相場はわからないから，そうしたアプローチすらできないのでは？」というご指摘を受けそうだが，長期的なリスクであれば，ある程度理論的に予測をすることができる。

少し長くなるが，為替相場の理論から説明しよう。

② 長期的な為替相場理論

結論から先にいうと，長期的には，将来の為替相場は為替予約レートに近づく。この結論を構成する３つの理論について説明する。

【購買力平価理論】

購買力平価理論とは，将来の為替相場は現在の為替相場と二国間の物価上昇率差で決まるというものだ。

購買力平価は一物一価＝世界のどこで同じ商品を買っても同じ値段になるように，為替相場が調整されるという考え方に基づいている。

購買力平価をわかりやすく説明したものに，ビッグマック指数というものがある。ビッグマックとは，世界各国で販売されているマクドナルドの商品である。このビッグマックの各国の現地通貨価格を米国の価格で割り算することで為替相場の理論値を算出し，現在の為替相場と比較して買われすぎか売られすぎかを判断する指標だ。この指数は，世界のどこでビッグマックハンバーガーを買っても同じになる，為替相場がいずれはそのような水準に調整されるという考え方から考案されたものだ。

長期的に購買力平価理論が成り立つ理由を，簡単な設例を使って考えてみよう。

第4章　海外現地取引の決済制度とリスクヘッジ手段　223

図表4-34 購買力平価理論が成り立つ理由

【設例1】

テレビが日本では10万円，米国では1,000ドルで販売されている。

ドル/円レートが120円の場合，米国製のテレビの価格は円換算で1,000ドル×120円＝12万円になる。

（なお，輸出の際の運賃等のコストは考慮せず，日米のテレビの品質の差異はないものとする。）

【米国の販売業者が考えること】

日本から輸入したほうが安いため，日本からテレビを輸入しよう！

→日本からの輸出が増加する。

【為替相場への影響】

輸出が増えると，輸出代金のドルを円に換える需要＝ドル売りが増加する。

ドルが売られ，120円から円高ドル安になっていく。

ドル/円相場が110円まで下がっても，米国製1,000ドル×110円＝11万円，日本製10万円と日本製のテレビのほうが安いため，日本からの輸出が続く。

輸出が続くため，円高ドル安が続く。

【輸出が続く限界点】

為替相場が100円まで下がると，米国製のテレビ価格は1,000ドル×100円＝10万円まで下がる。

ここに至って日米の価格差は消滅，日本から輸出をする意味がなくなり，輸出が止まる。

輸出が止まるため，ドル売りもなくなり，為替相場は100円で止まる。

【結果】

為替相場は一物一価のドル/円レートである100円に収束する。

このように為替相場は購買力平価に収束していく。為替相場はこの水準で落ち着くのだろうか？

実は，将来の購買力平価は，日米の物価上昇率で変動する。100円で収束したと思った為替相場も，その後の物価上昇率次第で変動せざるを得ないのだ。

日米の物価上昇率を反映して設例を続けよう。

図表4-35 物価上昇率で購買力平価が変動する理由

【設例2】
日本の物価上昇率は0％，米国の物価上昇率は2％とする。
テレビが日本では10万円，米国では1,000ドルで販売されている。
ドル/円レートは100円である。

【1年後のテレビの価格】
テレビは日本では10万円のままだが，米国は1,000ドル×1.02％＝1,020ドルに上昇する。
円換算の米国製テレビの値段は1,020ドル×100円＝10万2,000円になる。
再び日本から輸入したほうが安くなったため，日本からテレビを輸入しようということになり，日本からの輸出が再開される。

【為替相場への影響】
輸出が増えると，輸出代金のドルを円に換える需要＝ドル売りが増加する。
ドルが売られ，100円から円高ドル安になっていく。
ドル/円相場が99円まで下がっても，米国製1,020ドル×99円＝10万980円，日本製10万円と日本製のテレビのほうが安いため，日本からの輸出が続く。
輸出が続くため，円高ドル安が続く。

【輸出が続く限界点】
為替相場が98.04円まで下がると，米国製のテレビ価格は1,020ドル×98.04

第4章　海外現地取引の決済制度とリスクヘッジ手段　225

円＝10万円まで下がる。

ここに至って日米の価格差がなくなり，輸出が止まる。

輸出が止まるため，ドル売りもなくなり，為替相場は98.04円で止まる。

【結果】

為替相場は一物一価のドル/円レートである98.04円に収束する。

本レートは，日米の物価上昇率を反映した1年後の日米のテレビの価格を比較することで計算できる。

（日本の価格：10万円×1.00）÷（米国の価格：1,000ドル×1.02）＝98.04円

結局，購買力平価は日米の物価上昇率の差で動いているので，次の式でもほぼ同様の結果になる。

購買力平価＝現在の為替相場－（日米の物価上昇率差）×現在の為替相場

　　　　＝100円－（2％－0％）×100円＝98円

本設例でわかるように，物価上昇率が異なると，購買力平価は変動せざるを得ない。結局，ドル/円の購買力平価は日米の物価上昇率の差に連動することになる。購買力平価はどの二国間の通貨を取っても成り立つ。式を汎用化すると次のようになる。

購買力平価＝現在の為替相場－二国間の物価上昇率差×現在の為替相場

上記式が示すとおり，物価上昇率の高い国の通貨は差し引く額が増加するため，購買力平価は下がっていく。

すなわち，物価上昇率の高い国の通貨の購買力平価は安くなる。これは

①　物価上昇率の高い国はカントリーリスクが高い。

②　カントリーリスクの高い通貨は売られやすい。

というカントリーリスクの考え方とも合致する。

短期的な動きは別として，日米の購買力平価はドル/円相場に長期的な影響を与えてきた。図表4-36のグラフのように，ドル/円相場は日米の企業物価で

計算される購買力平価を軸に，日米の消費者物価と輸出物価で計算される購買力平価で挟まれたバンドの中で，おおむね推移してきたことがわかる。

その時々の日米の産業競争力の差異や両国の政権の意向等で，基準となる購買力平価が変わることはあっても，大枠では購買力平価に沿ってドル/円は動いてきたといえよう。

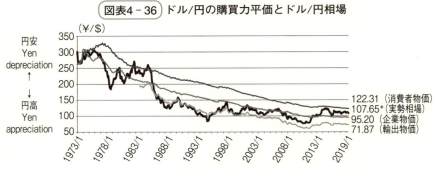

図表4－36　ドル/円の購買力平価とドル/円相場

*The latest data of market rate is as of July19th.
7月19日時点の実勢相場です。

― 実勢相場　market rate
― 消費者物価PPP（1973年基準）PPP based on Consumer Price Index（standard for 1973）
― 企業物価PPP（1973年基準）PPP based on Corporate Goods Price Index（standard for 1973）
― 輸出物価PPP（1990年基準）PPP based on Export Price Index（standard for 1990）

データ：消費者物価，日本総務省，U.S. Department of Labor
　　　　企業物価と輸出物価，日銀，U.S. Department of Labor
　　　　ドル円相場，日銀
　　　　消費者物価PPP，企業物価PPPは1973年基準。
　　　　輸出物価PPPについては，米国の現在の輸出物価指数が1973年まで連続して
　　　　遡及できないようになったため，以前に遡及できた際にPPPと実勢相場との
　　　　乖離が比較的小さかった1990年を基準年として算出した。

（出所：国際通貨研究所）

【フィッシャー効果】

　フィッシャー効果とは，名目金利から期待物価上昇率を差し引いたものが実質的な金利であり，実質金利が下がれば景気が刺激され，実質金利が上がれば景気を冷やす効果があるというものだ。

　用語が難しいので，次のように簡略化する。

第4章　海外現地取引の決済制度とリスクヘッジ手段　**227**

- 名目金利＝日頃お金を借りたり預けたりする実際の金利のこと。以降は単に金利と記載。
- 期待物価上昇率＝物価がどのくらい上がりそうかという予想のこと。物価上昇率（予想）と記載。

資本の移動に制約がなければ，実質金利はどの国の通貨でも同じになるとされる。米国と日本であれば次のような関係が成り立つことになる。

米国の実質金利＝米国金利－米国物価上昇率（予想）

日本の実質金利＝日本金利－日本物価上昇率（予想）

米国の実質金利＝日本の実質金利

上の３つの式を組み合わせると，次の式ができ上がる。

米国金利－米国物価上昇率（予想）＝日本金利－日本物価上昇率（予想）

これを変形すると

米国金利－日本金利＝米国物価上昇率（予想）－日本物価上昇率（予想）

すなわち，**日米金利差＝日米の物価上昇率（予想）差**という関係になることがわかる。

ここまで，計算式を並べたが，物価上昇率（予想）が変化すると金利も変化するのは，**図表4-37**のような消費者と金融機関，中央銀行の行動でも説明できる。

物価上昇率と連動して金利も動く。この動きが日米双方で起きることから，日米の物価上昇率（予想）差がそのまま日米金利差に反映されるわけだ。

局面は①物価上昇を予想→②実際に物価が上昇→③物価下落を予想→④実際に物価下落と変わっていく。

図表4-37の下線で示すように，すべての局面で物価上昇と金利上昇，物価下落と金利下落がパラレルに動くことがおわかりいただけると思う。

図表4-37 物価上昇率と金利が影響し合う理由

• 消費者と金融機関の行動

	局面	消費者の行動	金融機関への影響	金融機関の対策
①	**物価上昇**を予想	貯金を取り崩して，またはローンを組んでモノを早く買おう。	預金減少＆ローン増加	預金を増やすため**金利を上げよう。**
③	**物価下落**を予想	モノを買うのは遅らせよう。	預金増加＆ローン減少	ローンを増やすため**金利を下げよう。**

• 中央銀行の操作

	局面	中央銀行の操作	金融機関への影響	消費者への影響
②	**物価上昇**	**金利引上げ** 消費抑制	預金増加＆ローン減少	モノを買いづらい →インフレ解消
④	**物価下落**	**金利引下げ** 消費喚起	預金減少＆ローン増加	モノを買いやすい →デフレ解消

【金利裁定】

　購買力平価理論やフィッシャー効果は，為替相場や金利が物価上昇率に沿って動く可能性が高いという傾向的な理論だが，金利裁定については絶対的に働く法則的なものである。「裁定」という言葉が示すとおり，相場が基準レートから逸脱するとそれを是正する力が働き，すぐに基準レートに戻るという性質がある。

　金利裁定とは「為替予約レートが直物レートと二国間の金利差で決定される」というものだ。実際にドル/円の為替予約相場はドル/円の直物レートと日米金利差で決まっている。その理由を設例を使って説明したい。

図表4-38 為替予約レートが金利差で決定される理由

【設例】
　1億円を保有している資産家が1年間資産運用をするにあたり、米ドルで運用するか円で運用するか、比較検討をしている。
　現在のドル/円レートは100円、米ドル金利は2％、円金利は1％とする。
　資産家は為替変動リスクを取りたくないので、米ドルで運用する際には為替予約を締結する。
　1年後の元金＋利息合計額は、次の図のようになる。

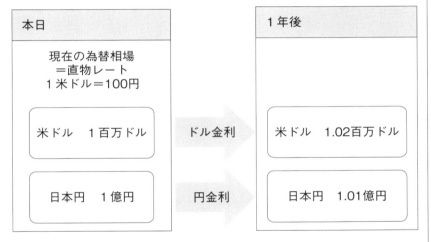

もし、本日締結できる1年後の為替予約レートが100円だったら？
→米ドルをドル売り為替予約（輸出予約）で円転すると、1.02億円となり、確実に日本円での運用1.01億円よりも儲かる。
　投資家は資金を全額米ドルに投資し、1年後期日の為替予約を締結する。
　投資家はみな同じことを考えるため、ドル投資とともに、1年後期日のドル売り為替予約の締結をしようとする者が殺到する。

　ドル売り予約が多いので、1年後の為替予約レートが下がっていく。

もし，本日締結できる1年後の為替予約レートが99.50円だったら？

→米ドルをドル売り為替予約（輸出予約）で円転すると，1.015億円となり，確実に日本円での運用1.01億円よりも儲かる。

　投資家は資金を全額米ドルに投資し，1年後期日のドル売り為替予約を締結する。投資家はみな同じことを考えるため，引き続きドル投資とともに，1年後期日のドル売り為替予約が殺到する。

　引き続き，ドル売り予約が多いので，1年後の為替予約レートが下がる。

もし，本日締結できる1年後期日の先物相場が99.02円だったら？

→米ドルをドル売り予約（輸出予約）で円転すると，1.01億円となり，日本円での運用と同額になる。

　1年後にドル売り予約をしても儲けられなくなるため，先物相場はそこで動かなくなる。

　為替予約レートは99.02円で確定する。

　以下の式で計算できる。

　円で運用した場合の元利合計÷ドルで運用した場合の元利合計

　＝（1億円×1.01）÷（1百万ドル×1.02）＝99.02円

　結局，為替予約レートは日米の金利差で動くので，次の式でもほぼ同様の結果になる。

<u>為替予約レート＝現在の為替相場－（日米の金利差）×現在の為替相場</u>

$$＝100円－（2％－1％）×100円＝99円$$

　金利裁定はドル/円だけでなく，すべての通貨で成り立つ。式を汎用化すると次のようになる。

為替予約レート＝現在の為替相場－二国間の金利差×現在の為替相場

　ここで3つの理論を整理してみよう。

第4章　海外現地取引の決済制度とリスクヘッジ手段　**231**

図表4-39　3つの理論とその結論

---

① 　購買力平価

　　将来の為替相場＝現在の為替相場－二国間の物価上昇率差

② 　フィッシャー効果

　　二国間の金利差＝二国間の物価上昇率（予想）差

③ 　金利裁定

　　為替予約レート＝現在の為替相場－二国間の金利差

　　まず，②の予想の部分を外して，①と②を組み合わせてみる。

A：将来の為替相場＝現在の為替相場－二国間の金利差

　　また，この算式と③の算式の右辺は一緒なので，次の式ができ上がる。

B：将来の為替相場＝為替予約レート

　　将来の為替相場は為替予約レートで推定できるのだ。

---

③　為替リスクの対応策

　長々と為替相場理論について説明したが，その結論は「将来の為替相場は為替予約レートで推定できる」ということになった。

　なお，「金利裁定」は絶対的だが，「購買力平価」と「フィッシャー効果」は長期的にそうなる傾向があるというだけだ。このため，短期の為替相場予測では利用できない。

　ただ，海外子会社投資は長期的な為替リスクを予測できればよい。

　為替リスクをここで再定義してみよう。もし，為替相場が固定相場制度で変動しなければ為替リスクはない。将来の為替相場が今の相場から動くからリスクが発生する。このように為替リスクとは，現在の為替相場から将来の為替相場がどれくらい変動するかということだ。

　式にすると，**為替リスク＝現在の為替相場－将来の為替相場**ということになる。これを**図表4-39**のAの式と比較すると面白いことがわかる。

　Aの式：将来の為替相場＝現在の為替相場－二国間の金利差を変形すると，

現在の為替相場－将来の為替相場＝二国間の金利差になる。

　下線を引いたところを比較すると，結局，為替リスク＝二国間の金利差ということになる。

　さらに，現在の日本の金利は０％近辺で推移していることも踏まえると，

　為替リスク＝二国間の金利差＝現地通貨金利－０％＝現地通貨金利となる。

　要は「**現地通貨金利で事業をする前提でも事業が回るのであれば，将来の為替リスクは充分に吸収できる**」という考え方になる。

（図表4‒40）投資に関わる長期的な為替リスクまとめ

海外投資の回収に関わる長期的な為替リスクに関連して
（結論１）将来の為替相場は為替予約レートで予測できる。
（結論２）為替リスク＝投資対象国の現地通貨金利とみなすことができる。

　実際に海外子会社投資や長期的なファイナンスをしている企業では，そうした考え方を採用して，事業計画の妥当性を検証している。

　たとえば高金利国の代表として，インドに海外子会社を設立して事業を行う事例を考えてみよう。まず，頭の整理のために極端な**事例１**から説明し，**事例２**に移ることとしたい（**図表4-41**）。

（図表4‒41）インド投資に関わる長期的な為替リスク

【事例１】
　インドルピーで出資する。そのインドルピーを事業に使うのではなく，全額預金で運用するとする。
【予想される結果】
　インドルピーの金利が付くため相当金利収入は稼げるが，それを日本に還流させようとすると為替リスクが発生する。

第4章　海外現地取引の決済制度とリスクヘッジ手段　**233**

前述の理論からすると，為替リスク＝現地通貨金利なので，運用で稼いだ金利と同程度インドルピーは下落する可能性が高い。

このため，長期的にはルピー預金で運用しても日本に還流した時点で，収益はトントンになるか，現地銀行のマージン等で損する可能性が高い。**これでは日本で余剰資金の運用をしていたほうが安全・確実だ。**

【事例２】

インドルピーで出資して，そのインドルピーで事業を行う。

【事例１からの考察】

インドで事業を行うのであれば，少なくともインドルピーの金利以上に稼ぐ必要がある。将来的にそうした見込みが立たないのであれば，進出を止めるか，投下する資金を抑える必要がある。

インドルピーの為替リスクを抑えるために，投下する資金を円で行うとどうなるのか？　為替リスクは気にしなくていいのか？

答えはNOだ。やはり為替リスクは問題である。インドでは出資はルピー建てしか認められていないため，円で資金を投下するには，円建ての親子ローンを行う必要がある。親子ローンを円で行った場合，日本本社は円で回収できるので為替リスクはない。

ただ，インド子会社は円の負債が残り，決算通貨であるインドルピーとの間で為替リスクが発生する。結局，連結決算ではインドルピー/円の為替リスクが残存することになる。

また，この為替リスクをヘッジするためにインドルピー/円の為替予約（インドルピー売り円買いの輸出予約）を取ることも可能だが，為替予約レートは円高ルピー安となり，ヘッジをすれば（インドルピー金利－円金利）のコストが掛かる。円金利が０％だとすると，インドルピー金利相当のヘッジコスト（為替差損）が発生することになる。

結局，インドルピーで資金を投下したのと，同じ結果になるわけだ。

これは米ドルで親子ローンを行っても同様で，インド子会社サイドで米ドル/インドルピーの為替リスク，日本でドル/円の為替リスクが発生，連結ベースではその合成であるインドルピー/円の為替リスクが発生する。

それに何より，インドで事業を行う以上，投下した資金が出資であれ親子ローンであれ，売上はインドルピーが主体となる。インドルピーが下落していたら，配当もローン返済金額も減ってしまうのだ。

結局，インドルピーの金利を意識した事業経営をしなければならない。それで事業採算が取れないようであれば，事業を見直したほうがよい。

④　実務的な対応策

インドルピーの金利は高い。ただ，インドの市場は魅力的だ。

インドのみならず，カントリーリスクの高い国は金利も高い。これは，こうした国々は海外から資金を呼び寄せるために金利を高めに設定していること，物価上昇率も高いことが多く，これを抑えるために金利を上げていること等が要因と考えられる。

このため，実務上は「カントリーリスクのある国で，現地通貨金利で事業を行う」というのは相当困難なことになる。事業開始当初は黒字化も容易ではない。金利負担はできるだけ軽く抑えたい。

そのためには，高金利支払が発生する現地通貨借入れは避けるべきである。しかし，ドルや円での借入れは，金利は安くなるものの，前述のインド子会社の事例のように為替リスクが発生する。為替リスクのヘッジコストを考えると，現地通貨借入れとコスト負担は変わらなくなる。

「現地通貨の金利を意識した事業経営をしなければならない。それで事業採算が取れないようであれば，事業を見直したほうがよい」と書いたが，本当にそんな事業運営ができるのだろうか？

高い金利で事業が成功する絵はそう簡単に描けない。ただ，事業は事例1のような預金運用とは違う。**最初は黒字にならなくても将来はインド市場に自社製品が浸透し，インド市場の拡大のメリットをフルに享受できれば，現地金利**

を上回る実績は上げられる可能性があるのだ。

このような課題には，一体どう対応すればよいのだろうか？

実は解決策はある。資金投下を工夫するのだ。充分に実現可能な実務的な対応策について，説明したい。

まず，海外子会社にとって最も金利負担が軽い資金投下方法は何か？

それは出資である。出資であれば金利は払わなくてよい。配当はいわばある時払いだ。

ただ，日本本社にとってみると，金利は入ってこないし，出資が配当で返ってきた際には為替レートがいくらになっているか予測がつかない。さらに配当可能利益が出ていないといけないが，将来の損益計算書の予測は為替相場の予想よりも難しいかもしれない。いつ始まるかわからない配当金に対して，事前に為替リスクヘッジをするのは困難だ。

この長期的な為替リスクを推定するのが，現地通貨金利ということになる。**カントリーリスクのある国に対しては当初出資を厚めに出す一方で，その資金を将来配当等で回収する際の為替リスクを事業計画上の計算に入れておく。**

すなわち，事業計画策定時には，（実際は出資をするのだが）全額現地通貨借入れをした場合でも長期的に利益が出るかどうかを計算しておく。当初3年程度は赤字が出るのはやむを得ないが，以降は現地通貨借入コストを上回る利益を稼げる見込みがあるかどうかを検証する。

こうしておかないと，現地通貨の下落で，いつまで経っても投下資本は回収できず，日本でその資金を運用しておけばよかったということになりかねない。

なお，海外子会社の資金を全額出資で賄うのは，海外子会社に甘えが出てしまうことも考えられる。そこで，一部は借入れや親子ローンもさせたいという場合には，**増加運転資金については現地借入れや親子ローンで調達することにしておけばよい。**

増加運転資金は，売上が増えてこなければ発生しない。会社設立当初の運転資金は出資で賄い，会社が軌道に乗り売上が増えてきたら，その際に必要となる運転資金は現地借入れや親子ローンで調達する。この時点では充分収益も上

がっており，金利負担にも耐えられるはずだ。

図表4-42 カントリーリスクのある国への資金投下方法

資金使途	資金投下方法
運転資金（子会社稼働後）	現地借入 or 親子ローン
当初事業立上資金	出資
設備資金	

　資金投下方法には，このほかにサイト調整というのがある。これは日本本社と海外子会社との間に商取引がある場合に，子会社からの支払期間は長くし，子会社への支払はすぐに行うことで，子会社の資金繰りを支える方法である。子会社にとっては金利負担がないため有効な資金支援方法である。

　現地借入れや親子ローン，サイト調整は現地通貨で行うことが前提になる。

　カントリーリスクのあるような新興国は現地通貨決算しか認めていない。インド事業の例でも述べたが，ドルや円での借入れは決算時に為替差損益が発生する。

　海外との現地通貨建ての取引は規制している新興国が多いが，この場合，現地通貨建ての親子ローンは商取引の決済はできない。ただ，その場合でも親子ローン契約は現地通貨建てとし，金利も現地通貨建てで計算し，親子ローン実行時，利払い／返済時の送金は円に両替して実行するという取引は可能なケースが多い。

　親子ローンは円やドルでしかできないといわれても，取引銀行に「実質現地通貨建ての親子ローンはできないか？」と確認することをお勧めしたい。

　インドネシア子会社は借りたインドネシアルピアをそのままインドネシアルピアで返す形となる。あくまで当日のレートで，貸付時に円からルピアに，返済時にはルピアから円に換えて送金しているだけのオペレーションになる。

　日本本社は「●●インドネシアルピア相当の円」と返済時の円貨の金額がわからないため，為替リスクに晒される。このため，日本で別途為替リスクヘッ

第4章　海外現地取引の決済制度とリスクヘッジ手段　　237

図表4-43　実質現地通貨建て親子ローン―インドネシアの例

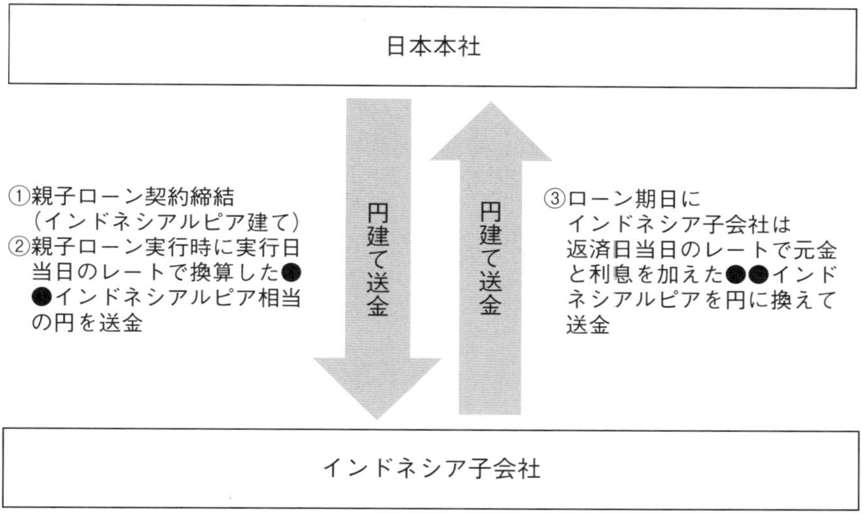

日本本社

①親子ローン契約締結
　（インドネシアルピア建て）
②親子ローン実行時に実行日
　当日のレートで換算した●
　●インドネシアルピア相当
　の円を送金

円建て送金　円建て送金

③ローン期日に
　インドネシア子会社は
　返済日当日のレートで元金
　と利息を加えた●●インド
　ネシアルピアを円に換えて
　送金

インドネシア子会社

図表4-44　海外子会社投資におけるカントリーリスクまとめ

カントリーリスク	対応策
海外子会社が国から接収されるリスク	・日本が投資協定を締結しているかを確認する。 ・投資協定を締結していない場合は，投資協定を締結している国を探し，そこから投資をする（オランダや英国の投資協定ネットワークは広い）。
送金停止となるリスク	・配当や子親ローン等で，平時から余剰資金を日本本社や持株会社に吸い上げておく。 ・海外子会社の売掛金を銀行に売却，資金化しておくと吸い上げられる金額が増加する。
為替リスク （投下した資金の回収が為替で目減りするリスク）	・現地通貨金利で資金調達をしても黒字が出るような事業計画を立てる。 ・実際の投資はカントリーリスクの高い国の場合，出資を主体とするが，増加運転資金は現地通貨で借り入れることを検討する。

ジをするか，「インドネシアルピアの高い金利で入ってくる金利収入は為替差損でほとんど相殺され，ほぼ０％になるが，元本は返ってくるだろう」と腹をくくるといった対応になる。

さきほどの理論を踏まえ，円金利が０％で推移すると仮定すると，長期的には「為替リスク＝インドネシア金利」の状態に収束すると予想される。このため，上記の腹をくくるという戦略も十分に成り立つ。

ただ，短期的には為替差損のほうが大きくなり，元本割れになってしまうこともある。このため，リスクを回避したい場合は，日本での為替ヘッジを検討するとよいかもしれない。

コラム　カントリーリスク再び？

本章や第３章で見てきたカントリーリスクだが，再び発現する可能性はあるのだろうか？

どのような時にカントリーリスクは発現しやすいのだろうか？

第３章で見たとおり，中南米やアフリカには，悲惨指数が20％を超えている国や，経常収支が赤字で対外債務が過剰にあり，外貨準備も少ない国がある。そうした国々はカントリーリスクの火種を抱えているといえる。

カントリーリスクの火種を燃え上がらせてしまうきっかけはなんだろうか？

一番起こりやすいきっかけは，米国の利上げである。

アジアは，今でこそ安定しているが，かつては米国の利上げを１つのきっかけにアジア通貨危機に陥り，IMFの支援等を受けざるを得なくなった。

その時のアジア通貨もそうだったが，新興国の通貨はその信頼感を高めるために，ドルと連動させるようにしていることが多い。これをドルペッグ制と呼ぶ。

完全なドルペッグ制を採用している国はそれほど多くないが，多くの国が緩やかにドルと自国通貨が連動するように市場介入や金融政策を行っている。

米ドルの金利が上昇した際に，このような制度を取っている新興国はどのような対応を取るだろうか？

米ドルの金利が上昇すると，投資家はドルという安全な資産で充分稼げるため，自然に米ドルで運用しようとする。新興国にとってみると自国の資金が吸い上げられる要因となり，自国通貨は米ドルに対し売られてしまう。これを回避するには，①米ドル金利同様に自国通貨の利上げをするか，②米ドル売り自国通貨買いの市場介入をするしかない。

①の自国通貨の利上げをすると，経済活動は停滞し不景気になりかねない。②の市場介入をし続けると，その資金源となるドル（＝外貨準備）が枯渇していく。

さらに問題を増幅させる要因がある。新興国の多くは，海外からの借入れ（＝対外債務）を米ドルで行っていることだ。自国通貨を米ドルと連動させているため，平時は為替リスクの小さい便利な資金調達手段だが，米ドル金利が上昇すると金利負担が増える。国家財政は悪化する。そして，もし市場介入しきれずに自国通貨が下がってしまったら，（ドルで返済しなければならない）元本も増える。

このように米国が利上げをすると，追随して新興国も利上げを余儀なくされ，国内の景気が悪化する。自国通貨を支える市場介入のために外貨準備は減り，対外債務も増加する。悪化した指標を見て投資家が投資を控えるため，自国通貨が売られ，さらに利上げと市場介入をし……と負のスパイラルに陥ってしまう。

もともとカントリーリスクの火種を抱えている国は，さらに対外債務が増加し，外貨準備が枯渇する。その結果，対外債務の返済不能（デフォルト）宣言をする状況に陥る。

米国の利上げが始まったら、カントリーリスクの火種を抱えているいずれかの国で、カントリーリスクが発現する。どこかでカントリーリスクが発現すれば、他の火種を抱えている国にも飛び火していく。
　米国の利上げが始まったら、カントリーリスクのある国での取引を一度洗い出しておく。そんな準備が大切かもしれない。

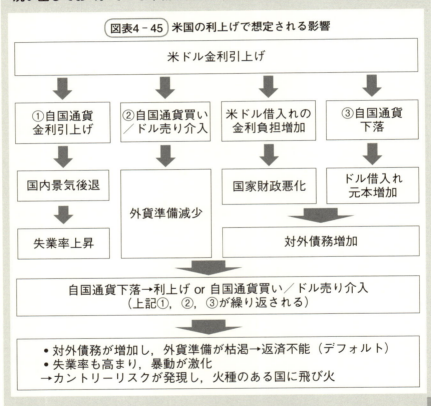

図表4-45　米国の利上げで想定される影響

第5章

既存取引先の与信管理

海外企業と取引をする場合，取引当初はしっかりと審査をするが，一度取引を始めてしまえば支払遅延でもない限り，取引の見直しをしない。そういう日本企業は意外に多い。だがこれは日本企業相手だからそれでトラブルなく済んでいることかもしれない。

　一般的に日本企業は倒産も少ないし，何より誠実だ。期日どおりに支払をしてくるし，期日に遅れる場合には説明をしにくる。本当に資金繰りが厳しくなれば，相談に来ることもあるかもしれない。また，取引先の噂も自然に入ってくる。要は定期的に取引の見直しをしなくても何とかなるのだ。

　それに対し海外企業は，日本企業のようには情報が入ってこない。倒産も多い。期日どおりに支払がなされなくても説明には来ない。優良先だと思って取引をしていたら，実は業績が悪化しており，顕著な支払遅延が発生した時点ではもう取り返しがつかないということも意外に多い。実際，ネット通販の進展で，過去隆盛を誇っていた米国の大手小売業等が倒産している。

　要は，待っているだけでは駄目なのだ。年に１回以上は，能動的に取引先の信用状態をチェックする必要がある。

　そして，既存先の審査は，取引当初の審査より容易にできる。それは次のような理由だ。

- もともと，取引当初に審査しているため，ある程度見るべきポイントはわかっている。有力企業の子会社であれば，親会社の支援姿勢は変わっていないか。特別な商品を持っている会社であれば，その商品の販売に陰りはないか等だ。
- 日々の取引を積み重ねる中で取引先の雰囲気はわかる。約束を確実に守る会社なのか，多少ルーズな面があるのか，社風が堅実か，沈滞していないか等だ。
- さらに取引関係がすでにできているために，より詳細な情報を要求しやすくなる。決算書も入手しやすい。入手した決算書について，不審な点をヒアリングすることもできる。たとえば中国企業は取引先から入手し

> た決算書と信用調査会社から入手した決算書が違うことがある。なぜ違
> うのかについてもヒアリングができる。

　こうした背景から，1年に1回の審査は，的確な情報のもと，見るべき点を確実に見ることで，比較的簡単に済ますことができる。

　ベースの審査手法はこれまで述べてきた方法と同じだ。明らかに1年に1回審査をすることで，取引先への理解が深まる。これは取引先との関係を深めることにもつながる。手間を惜しまず，1年に1回は審査をしたほうがよい。

　年に1回の審査に加えて，もう1つ重要なのは，危険な兆候が発生した場合に見過ごさずに，取引方針を再検討することだ。

　危険な兆候はどの国でも変わらない。**資金繰りの危機や会社の倒産に瀕しているといった切羽詰まった状況にある人の行動は，万国共通だ。**取引先がどのような変化を見せるのか，見ていこう。

1 取引先の危険な兆候

　取引先の危険な兆候は多岐にわたる。日常の取引振り，法的な変化，財務内容の変化，外部環境の変化，内部環境の変化に分類して説明したい。

（1）日常の取引振り

①　支払遅延

　最もわかりやすい危険な兆候が，支払遅延である。数日程度の支払遅延は海外企業相手だとよくあることだが，1ヵ月を超える支払遅延の場合には何かが起きていると考えたほうがよい。

　最初にすることは，なぜ支払遅延が発生しているのか原因を特定することだ。当方に非がないのであれば，取引先の資金繰りがおかしくなっていると考えたほうがよい。

② 取引条件の変更，支払期間の延長の要請

次が取引条件の変更と支払期間の延長の要請だ。

貿易取引で「L/C取引を後受け送金取引に変更したい」，国内取引で「Domestic L/Cや銀行引受手形取引を後払い送金にしたい」と言われた場合には要注意である。

当初はお互いのことがよくわからないのでL/C取引にするが，取引を重ねて相互に信頼関係が構築できれば，送金取引に移行するといった事例はよくある。しかし，実際はそうではなく，銀行からL/C発行を断わられたのかもしれない。

支払期間の延長も同じだ。自社から仕入れた商品を売りさばいたり，製品に仕上げるまでの間，支払を待ってもらわないと，次の注文ができないということならよい。しかし実際はそうではなく，単に資金繰りが厳しいだけかもしれない。

取引拡大に向けた正常な相談なのか，危険な兆候なのか見極めるには，一体どうしたらよいのだろうか？

欧米企業の場合は送金取引への移行や支払期間の延長等，与信が拡大する場合には，Credit Applicationの記入・提出を求める。加えて，一定額以上の与信を許容する場合には決算書の提出も要請する。こうすることで，条件変更や支払期間の延長の妥当性を判断している。

Credit Applicationが入手できれば，取引先の相談が妥当なものなのかは明確になる。その活用方法について，ご紹介しよう。

③ Credit Applicationの活用

Credit Applicationとは，取引先に記入させる企業概要表である。取引先に企業概要を記入させ，最後に自社に調査権を授ける旨のサイン（詳細後述）をもらっておけば，より詳細な情報が入手できる。

Credit Applicationのフォームは各社さまざまだが，**図表5-1**のような構成になっているものが多い。

【冒頭部分】

会社名，住所，会社の形態（株式会社なのかLLCなのか等），会社番号（またはD&B No.等の会社の存在を示す番号），従業員数，事業内容，親会社・子会社・支店（ある場合），設立日，株主，代表者，年間購入見込額を記入させる。

図表5-1 Credit Applicationの構成①

Company Information
Company Name：_____
Address：_____
Type of Business：・Corporation・Partnership・Sole Proprietor
Company ID No. or D&B No.：_____
Number of Employees：_____
Industry/ Nature of Business：_____
Parent /Subsidiary/Branch：_____
Date Established：_____
Owner：_____
Chief Executive：_____
Estimated Annual Purchase Amount：_____

【Trade Reference：仕入先宛て信用照会】

次に，**第2章**でも述べたトレードレファレンスの欄が来る（**図表5-2参照**）。ここに主要仕入先3社を記入させる。記入内容は仕入先名，担当者名，住所，電話番号等の連絡先，その仕入先との取引歴（長さ），月間に許容されている与信額等だ。

この欄に記載された仕入先については，自社から連絡することが可能だ。

仕入先には，取引先への月間販売額，過去1年の最大与信額，現在の与信残高，取引条件・支払期間，期日どおりに支払われる割合・遅延債権の期間，取引開始日や直近の取引日，仕入先から見た評価等をヒアリングできる。

図表5-2 Credit Applicationの構成②

Trade Reference
①Company Name：
Contact Person：
Address：
Phone No：
Email or Fax No：
Number of years done business with this company：
②Company Name：
Contact Person：
Address：
Phone No：
Email or Fax No：
Number of years done business with this company：
③Company Name：
Contact Person：
Address：
Phone No：
Email or Fax No：
Number of years done business with this company：

【Bank Reference（銀行宛て信用照会）】

　次に，取引銀行を記入させる（図表5-3参照）。特に口座番号を聞いておく
のは重要で，有事の際に差押えができる可能性がある。

第5章 既存取引先の与信管理　247

図表5-3 　Credit Applicationの構成③

Bank Reference
Bank Name :
Contact Person :
Phone No :
Email or Fax No :
Account No :

【宣言，署名欄】

　最後に，取引先にApplicationに記載した情報が（知りうる限り）正しいことを証明させる（**図表5-4**参照）。

　併せて，Applicationに記載された銀行や仕入先に対して，自社（You）に調査する権利を与える旨を宣言させる。調査内容は，取引先の信用状態や取引先が財務上の責任をしっかりと果たしているかについてだ。

　最後に，取引先のサイン権限者が会社名，サイン権限者の名前，肩書を記入し，署名する。**この署名により，自社で銀行や仕入先に調査・ヒアリングをすることができるようになる。**守秘義務遵守に厳格な銀行等は，この署名を確認することではじめて取引先の情報開示に応じてくれる。

図表5-4 　Credit Applicationの構成④

I hereby certify that the information contained in this application is to the best of my knowledge, true and correct.

I authorize you to investigate the reference listed as bank and trade references regarding my credit and financial responsibility.

Company name :

Authorized Signature :

Signatory Name（please print） :

| Title： _____ | Dated： _____ |

　図表5-5のようなBank Reference（銀行宛照会状）フォームと取引先のサインが入ったCredit Applicationの写しを銀行に提出することで，各種情報が入手できる。

　このフォームは上のほうに，照会の目的（新規の企業間信用取引を開始するためなのか，既存取引の更新のためなのか）をチェックする欄があり，新規取引の場合は与信予定額，既存取引の場合には取引開始時期，最大与信額，取引条件，与信残高，支払振りを記入することになっている。

　その下に銀行に回答を求める欄があり，銀行に当座預金の口座開設日，平均預金残高，貸出取引開始日，最大与信額，与信残高，担保の有無／内容，返済履歴およびコメントを記入してもらうようになっている。

　こうした情報が入手できれば与信管理上，有益であることは間違いない。

【追記事項＆添付書類】

　以上に加え，自社が定めた取引条件についても，このApplication上に記載するか，または別途作成した取引条件の覚書に「取引条件を遵守する」ことを宣言させる例も多い。この場合には通常，支払を遅延した場合の遅延金利や損害金についても支払うよう記載することで，取引遵守を励行させる。

　Credit Applicationの添付書類として，一定金額以上（たとえば1万ドル）を超える与信限度が必要な場合には，直近3期分の決算書の提出や今期の中間決算書の提出を求める。

　また，主要株主が変わったり，事業内容が変わった場合には通知を求めることにしている会社も多い。

【Credit Applicationの効用】

　このようにCredit Applicationを取得し，仕入先や銀行にヒアリングできれば，さまざまな情報が取得できる。取引先の取引条件変更や支払期間の延長の

第5章　既存取引先の与信管理　**249**

（図表5-5）Bank Referenceフォーム

Dear（取引先からヒアリングした銀行担当者名）

Application for a bank reference

（取引先名）has applied to us for business credit for the amount of $
（与信金額）and has given us written signed authority to seek a credit
reference. We would appreciate it if you would supply the information
requested below.

Yours sincerely

（自社担当者のサイン）

_____
Signature

DEPOSIT ACCOUNTS

Type of Account_____ Date Opened_____

Average Balance_____

Non-Sufficient Fund（NSF）Activity（last 12 months）_____Yes___or___No

CREDIT/LOAN ACCOUNTS

Type of Account_____ Date Opened_____

High Credit_____ Current Balance_____

Secured By_____

Payment History_____

Comments_____

_____

_____

　　　　　　　　　　　　　　　Bank Signature

Date_____ Title 　_____

相談が，取引の進展に伴う正常なものなのか，実は銀行や仕入先から見限られており資金繰りが厳しいためなのか，**すなわち危険な兆候なのかが明確になる。**

Credit Applicationの入手にはコストが掛からない。Credit Applicationをやり取りする慣習のある米国や英国，オーストラリア等はもちろんだが，アジア地域でも提出を求めてみるべきだ。

なぜなら，米系企業はアジア企業にも提出を求めているからだ。アジア企業も「いつものやつか」と応じてくれるかもしれない。

④　急な大口発注

取引上の変化で見逃してはならないのが，急な大口発注である。

第2章で述べたように，取引見込額を反映した適正な取引限度を設定しておけば，急な大口発注が来た際には限度超過となり，異変に気が付くはずだ。

急な大口発注は，倒産間際に仕入れた商品を売り払い，高利貸しの返済に充てる，逃走資金を作るといった目的で利用されることがある。**急な大口発注の原因が何なのかを"御礼の振り"をしながら，十分にヒアリングしなければならない。**

⑤　契約違反

契約違反は取引を続けていくうえで大きな問題となる。取引先が契約を守るはずだと思って準備していたことが突如，崩壊するからだ。

企業間の取引は相互の信用のうえに成り立っている。些細なことでも契約違反をする取引先と取引を拡大していくと，そのうちに大きな案件でも契約違反を可能性がある。そうなった場合には，自社の損害も大きくなる。

契約違反を起こす取引先に対しては取引方針を見直さなければならない。

（2）法的な変化

①　倒　産

破産，清算，任意整理，夜逃げ等，取引先が倒産したらどのような形であれ，

ただちに取引を停止し，出荷を止めなければならない。そうしないと単に損失が拡大する（なお，支援の方向性が見えてきたら，前金での取引をする等の対応は可能である）。

② 法令違反・不祥事発生

第2章でも述べたが，法令違反や不祥事の発生は，どのような優良企業でもその企業を苦境に陥れる。決算書では読み取れない，最大の危険な兆候といえる。

日本企業でも検査逃れの不正や粉飾決算等で倒産の危機に瀕した企業は多い。その理由は，事件を起こした途端に企業が信頼を失うからだ。販売先・消費者が「この会社の商品は危険かもしれない」と一斉に商品を買わなくなる。仕入先や取引銀行も取引を敬遠する。

こうした事態になると，いかに財務内容が盤石であっても，日々の売上が急減するため，蓄えが尽きてしまう。上場していれば株価は暴落する。

一度失墜したブランドを回復するためには，他の企業と合併するか，複数事業がある場合にはブランド力が残っている事業を残して，他事業を売却するくらいしか方法がない。

このように，**法令違反・不祥事件が発生したら，倒産と同等の危機と捉え，すぐに取引を停止する等，緊急対応をとらなければならない。**

③ 会社分割・営業譲渡，会社合併

会社分割，営業譲渡，他社との合併は，取引先がそれまでの会社とまったく別の会社になることだといってもいい。財務内容も大きく変わる。取引先の構成も変わる。

大手企業の仕入部門は，安定的な調達を確保するため1社にシェアが集中することを嫌う。同業他社との合併や同業他社への営業譲渡で，特定の商品のシェアが高まりすぎると，大手の販売先はその取引先との取引を絞ることを決断するかもしれない。この結果，統合前の売上の単純合計が，統合後の売上よ

りも小さくなることはよくあることだ。

会社分割で残った部門と取引をしている場合には，残った部門は小型化する。企業体力もその分弱くなるため，従来どおりの取引限度は大きすぎる可能性も出てくる。

このように会社の規模が大きく変わるため，取引先との取引方針を見直す必要がある。

新規先と取引をするようなつもりで，格付け，取引限度，取引条件を再度設定し直さなければならない。**ただ，新規先と大きく異なるのは，リレーションができているので情報が取れることだ。**取引先も良好な取引関係を維持しようとするため，情報提供には積極的に応じてくれる可能性が高い。しっかりと決算情報や役員の変動等の情報を取りにいくことが重要である。

④　多額の企業買収

多額の企業買収をした後に業績が急変する企業は，意外に多い。買収後に思ったような成果が出ずに大きな負債だけが残る。買収した企業で決算不正があり，実態はマイナス効果しかなかったというケースもある。

こうした買収をしてしまうと，企業の財務内容は急速に悪化する。多額の企業買収は勢いのある優良企業が行うことが多い。優良企業だからといって「大丈夫だろう」と妄信することなく，買収後の業績推移を慎重にフォローしていく必要がある。

多額の企業買収をした場合は，長年の取引先でも取引歴の浅い企業と取引をするようなつもりで，取引方針を見直したほうがよい。

⑤　主要子会社の倒産

海外事業は軌道に乗ると成長のエンジンとなり，海外子会社が稼ぎ頭になることが多い。ただ，その稼ぎ頭の子会社が倒産したら，その影響は計り知れない。

第1章で述べたとおり，海外子会社の経営については目が行き届かないこと

がある。優良子会社だと思っていたら，実は不良債権の山を抱えていたということがある。

　④とも関連するが，最近は海外子会社が買収した企業であることも多い。この場合，買収した企業のマネジメントに経営をそのまま任せることが多く，さらに経営実態が把握しづらい。企業カルチャーも同一化するのに時間を要し，本社が知りたいことが的確に上がってくるとも限らない。必要な手順を踏まず，勝手に拠点を新設した，重要な取引先から取引を切られたのに何も言ってこないといったことが十分起こりうる。そして，決算書が数ヵ月遅れで送られてきて，すでに取り返しがつかないことになっている。

　なかなか，取引先の子会社が倒産するかどうかを事前に察知することは難しいが，**子会社倒産の報告を受けたら，取引先への影響度を早期に分析しないといけない。**

（3）財務内容の変化

　財務内容の変化はわかりやすい。赤字決算への転落や債務超過への転落等は当然だが，倒産につながる危険な兆候である。

　これ以外にわかりやすく，かつ重要なのが，外部格付けや調査会社の評点の下落だ。外部格付けや調査会社の評点が理由もなく下がることはない。必ず何か問題が起きている。何が問題かを格付会社や調査会社に聞けば，有料になるかもしれないが理由を教えてくれる。

　危険な兆候として情報を集め，取引方針を見直す必要がある。

（4）外部環境の変化

　どんなに優良企業でも外部環境が悪化すれば，急速に業績も悪化する。外部環境として，所在国，親会社，取引先の３つについて説明する。

①　所在国の格付けやカントリーリスクランクの下落
カントリーリスクが発現すれば，どんな優良先でも貿易であれば支払停止に

なるし，国内販売の場合でも国内の混乱や海外との取引が途絶えること等で，取引先の業績が急速に悪化することは十分に起こりうる。

インフレになれば，需要は減退していく。対外債務が過大になると，金利が急上昇し金利負担が重くなる。

国の格付けの下落はさまざまなルートで悪影響をもたらす。格付会社や保険会社が格下げした理由を精査し，どのような影響が出るのかを精査しておく必要がある。

②　親会社の業績変化，親会社の持株比率減少

親会社の業績が悪化すれば，取引先がどんなに優良企業でも親会社の都合で資金は吸い上げられてしまう。せっかく貯めていた資金がなくなれば，急速に資金繰りは悪化し，ちょっとした業績変動で支払不能となる。

親会社の持株比率が減少した場合も，精査が必要だ。何かあった際に親会社の支援が期待できなくなる。持株比率が5割を切れば，ほとんど支援は期待できないし，そうでなくても持株比率を下げるということは「関与を薄くしたい」という意思の表れかもしれない。

親会社が優良だからといって，大きい取引限度を許容しているような場合には，取引方針の見直しは必須である。

③　主要な仕入先・販売先の倒産

主要な仕入先や販売先が倒産すると，取引先の存立基盤が失われる。

仕入先が倒産すれば商品が入ってこなくなるし，販売先が倒産すれば売上が立たない。

しばらく踏みとどまることができれば，既存の仕入先・販売先との取引量を増やすか，新規の仕入先・販売先を開拓できるかもしれないが，そのまま連鎖的に倒産してしまう企業も多い。

主要な仕入先・販売先を取引開始時にヒアリングしておき，倒産の情報をつかんだらすぐに取引方針を見直すことが重要である。

（5）内部環境の変化

①　主要役員の突然の退任

第２章でも述べたが，**主要役員の突然の退任は危険な兆候である。**

会社の危機を感じ取り自発的に退任するケース，経営者の暴走を止めようとして説得に失敗し辞めさせられるケース，理由は多少異なるが，いずれにせよ，会社に何らかの問題が起きていると考えられる。

取引方針を早急に見直す必要がある。

図表5－6 取引先の危険な変化（危険な状態に陥るリスクをはらむ変化も含む）

変化の種類	危険な変化
取引上の変化	①1ヵ月を超える支払遅延 ②取引条件の変更の要請（L/Cから後払い送金等） ③支払期間の延長の要請 ④急な大口発注 ⑤契約違反
法的な変化	①倒産 ②法令違反・不祥事件発生 ③会社分割，営業譲渡，会社合併 ④多額の企業買収 ⑤主要子会社の倒産
財務内容の変化	①赤字決算転落 ②債務超過転落 ③外部格付け・信用調査会社評点の下落
外部環境の変化	①所在国の格付けやカントリーリスクランクの下落 ②親会社の業績変化，親会社の持株比率減少 ③主要な仕入先・販売先の倒産
内部環境の変化	①主要役員の突然の退任 ②社長の交代

② **社長の交代**

　社長の交代もその後の会社経営に大きな影響を及ぼすことが多い。

　経営のスタンスが急に変わり，それまでの信頼関係が崩れていくこともある。主要役員の退任と比べると，必ずしも問題になるとは限らないし，むしろ経営者が変わることで企業が発展することのほうが多いかもしれない。

　ただ，どのような結果になるかは，しばらく経営者の力量を見てみないとわからない。取引方針を少し長めのスパンで慎重に検討し，経営手腕や取引スタンスの変化を見極めていく必要はある。

　また，アジアの企業は同族会社が多く，会社の存続よりも家族の繁栄を考える経営者も多い。**親が築いた豊かな資産を引き継いだ経営者が，会社の経営に情熱を持っているか，豪奢な生活に溺れる傾向がないか等も見極めていく必要がある。**

2 国の危険な兆候

　国も企業同様に危険な兆候がある。第3章の分析と重複するが，再度一表に

図表5－7　国の危険な兆候

変化の種類	危険な変化
経済情勢の変化	①経常収支の赤字転落 ②短期対外債務が外貨準備高を上回る。 ③外貨準備高が月間輸入額の3ヵ月分を下回る。
政治・社会情勢の変化	①消費者物価上昇率が10％を超える。 ②失業率が10％を超える。 ③悲惨指数が20％を超える。
為替相場の変化	現地通貨が3ヵ月で25％以上下落する。
格付け・指標の変化	①格付会社の格下げ ②保険会社のカントリーリスクランクの引下げ
戦争・内乱	戦争・内乱の勃発 →特に新政権が債務を棒引きにしないか確認

まとめておきたい。

国の指標は**第3章**で述べたとおり，独力で容易かつ無料で分析することが可能だ。定期的にチェックするようなルールを作っておきたい。

3 支払遅延時の対応

支払遅延が起きた時の対応の基本は全世界共通である。支払遅延の原因を特定し，確実に督促を行うことだ。

（1）支払遅延の原因

① インボイスの問題

何らかの形で請求にミスがあるというものだ。典型的な言い訳は次のようなものである。

- インボイスを受け取っていない。
- 宛先が違う。
- 金額に誤りがある。
- インボイスが二重に来ている。

この問題で当方に非がある場合の解決は容易だ。事実確認をしてインボイスを出し直すか，クレジットノート等の修正伝票を切ればよい。

取引先に非がある場合には，細々とした対応策を練る必要がある。

- 「インボイスを受け取っていない」という言い訳をする取引先には，インボイスをe-mailで送れるように準備した後で，電話を入れる。そして，インボイスをe-mailで送りながら話す。
- 「金額が誤っている」という言い訳をする取引先に対しては，支払期日前にインボイス金額の確認の電話を入れておく。

そもそもインボイス金額が合っていないという主張は，取引先が債務を認めていないということである。債務を認めさせないことには法的手段に訴えるこ

とも難しい。**とにもかくにも債務を認めさせることが重要だ。**

②　商品の問題

　「商品が届いていない」という言い訳も多い。本当に商品が届いていない場合には商品を再送すればよい。送付先の部署が異なる場合には，それを正せばよい。

　問題の根が深く比較的多い言い訳が「商品に不満がある」というものだ。

　このクレームは解決が難しい。汎用的なものであれば同じ商品の在庫を再送すればよい。ただ，機械や部品等でその取引先専用に製造した特注品は，取り換えが容易ではない。現地に行って修理するか，取引先の求める機能に合う部品を製造して交換しないといけないかもしれない。そのために現地法人を構えている機械メーカーもある。

　ただ，再送や修理／交換をするような問題はないと思われるのに，だらだらと商品クレームを続ける取引先もいる。こうした取引先は，支払を遅らせることで金利を稼いだり，資金繰りを付けようとしている可能性が高い。

　このような取引先と取引を継続するのはリスクが大きい。

　こうした取引先への対処方法の１つは，クレームの内容をしっかりと記録し，先方に非がある場合にはきちんと取引先の概要表等に記録して，取引方針に反映させていくことだ。

　漫然と対応していると，取引先に「支払遅延をして金利稼ぎをしても大丈夫だ」という印象を与えてしまう。

　取引先が本当に資金繰りに困った際は，普段から後回しにされている自社への支払は永久になされないまま，取引先が夜逃げ等でいなくなるといったことになりかねない。

　また，「商品が届いていない」「商品に不満がある」というどちらのクレームにせよ，クレームがある間は取引先は支払債務を認めていないことになる。

　インボイスの問題同様に，支払債務をいかに認めさせるかも重要である。

第5章　既存取引先の与信管理　259

図表5-8　支払遅延の理由

問　題	言い訳
インボイス	• インボイスを受け取っていない。 • 宛先が違う。 • 金額が誤っている。 • インボイスが二重に来ている。
商　品	• 商品が未着。 • 商品に不満がある。

（2）支払遅延の対応策

① 言い訳理由の特定

最初にやらなければいけないのが，言い訳の特定である。 図表5-8の言い訳のどれに該当するかを確認する。

インボイスの問題であれば，管理部等の契約や請求を行う部署に確認する。商品の問題であれば，工場やサービスを提供している部署に確認する。

② 理由の先方非・当方非の確定

次に行うことは，先方と当方のどちらに非があるのかを確定することである。当方非であれば，至急対応し，先方が言い訳できない状態に持っていく。

先方非の場合には，最初のゴールは債務を認めさせることだ。

③ 債務を認めさせる（手形・先日付小切手の取得）

債務を認めさせる堅実な方法は，手形や小切手をもらうことだ。 小切手ですぐ払うのを嫌がる場合には，先日付小切手をもらってもよい。小切手や手形を入手できれば，銀行手数料くらいしか罰則がない国でも，債務が存在していることは明確になる。法的手段に容易に訴えることができる。

また，**第4章**で見たとおり，アジアでは多くの国がブラックリストへの掲載や刑事罰，銀行口座閉鎖等何らかの罰則を定めている。日本ほどではないが，

明らかに支払の優先順位を上げる効果がある。

④ 債務を認めさせる（取引残高明細書による確認）

　債務を認めさせる形は，手形・小切手がもらえればベストだが，本来取引先は敵ではなく，商品を評価して買ってくれる取引先である。口頭でも何でも債務を認めさせることができれば，その後の督促はかなり容易になる。債務と認識させられれば，商品やインボイスの問題ではないことが明確化し，言い訳がなくなるからだ。

　多くの米国企業が採っている債務を認めさせる方法がある。**取引残高明細書（Statement of Account）を使うことだ。**

　取引残高明細書は自社の売掛金明細を記載したもので，これを取引先の買掛金明細と突合させる。これで売掛金額の不一致やインボイスの受領漏れ等があぶり出せる。利用のポイントは次の2点だ。

- 支払遅延先だけでなく，主要先全社に送付する。
- 毎月送付する。

　毎月こうした作業をする必要があり目先は面倒だが，期日どおりの支払がなされないのが普通の海外では，総合的には事務負荷はそれほど高くない。

　なぜなら，支払遅延が頻発して後手後手に対応するほうが，事務が非定型的な個別対応になるからだ。**事務は定型的でトラブルがないほうが，計画的にこなせる。**適切な計画さえ立てられれば，システム対応や一般的な事務スタッフを増員することで十分に事務が回るようになる。

【取引残高明細書の効果】
- 取引先に債務を認めさせることができる。
- インボイスや商品の問題を早期に発見でき，期日前に問題が解決する。期日前に問題がなくなれば，支払遅延の言い訳は成り立たない。すなわち，支払遅延も減少する。

第5章　既存取引先の与信管理　**261**

- 毎月送付することで，担当者による督促はもちろん，自社の上位者から，取引先の責任者への督促もしやすくなる。
- 取引残高明細書は決算監査の買掛金の証明になり，取引先にも有益である。

---

⑤　督　促

　督促方法は電話，督促状（e-mail，手紙），訪問の3種類がある。最も有効な方法は電話である。なぜなら，**電話は手軽に双方向のやり取りができるからだ。**

　訪問は時間的に大変だし，督促のために取引先とアポイントメントを取るのも大変である。もしアポイントメントを取らないと担当者がいないこともあるし，居留守を使われることもある。

　督促状はe-mailにせよ，手紙にせよ，一方通行のコミュニケーションであり，捨てられてしまったり，無視されたりする可能性がある。

　このため，効率的かつ確実に回収したい場合には，電話を使うべきである。実際，督促のプロである米国のコレクションエージェンシーも電話で督促をしている。

　ただ，督促状は一斉に大量に出せるというメリットがある。また一覧性があり，複数の明細がある場合は圧倒的に情報が伝わりやすい。このため，電話と併用すると会話が容易になる。

　訪問もアポイントメントさえ取れるのであれば，深い交渉ができ回収の可能性も高まる。それぞれの方法によさがあるので，取引先との取引金額を勘案して，次のように3つの方法を併用するのがよい。

(i)　大口取引先には，電話でアポイントメントを取り訪問をする。主要な取引先であればアポイントメントも取れ，取引先の実情をしっかり把握できる可能性が高い。取引先も自社との取引を大切に考えているはずであり，厳しい状況の中で何とか問題を解決しようとする。回収に向けた交渉が一気に進んでいく。

図表5-9 Statement of Account：取引残高明細書の例

Statement of Account					
Your Company Name					
	Date				
	Statement No				
	Customer ID				
Bill to:					
Company Name					
Address					
Phone					
E-Mail					
	Previous Balance				
Date	Invoice No	Description	Amount	Payment	Amount Due
Thank you for your business!			Subtotal		
Payment Due Date					
			Total Due		

　ただ，交渉が決裂したり，支払がまったく進まないようであれば，書面による督促を行う。法的手段に訴える際の証拠にもなるし，「約束した期日までに支払えない場合には出荷停止やコレクションエージェンシーへの回収代

行に移行する」旨を記載することで，取引先にも不意打ちにならず次の回収手続に踏み出せる。

(ii)　中規模の取引先には，電話で交渉する。日本の感覚だと訪問をしたくなるが，海外の場合，訪問すると拘束されてしまう可能性なども考えられ，リスクがある。

　　取引先が悪意で払わないケースは少なく，「今すぐ払えないから払わない」のである。居留守を使われることもあるだろうが，しつこく電話をすれば必ず話ができる。電話での督促方法については後述する。

(iii)　小口の取引先に対しては，そこまで手間を掛けられないかもしれない。定期的に督促状を出す。小口の取引先の場合，（取引を軽く見ているため）支払期日を忘れているだけということも多いので，意外に効果がある。

　　手が空いていたら，督促状を出した後に電話でフォローする。相手は要件がわかっているため，警戒されるが，「電話も掛かってくるしつこい取引先だから払おう」というインセンティブも働く。つまり，つながらなくても効果がある。もし，つながれば，相手は要件がわかっているから話が早い。

　　また，**督促のゴールは支払の約束（何月何日までにいくら払う，残額は何月何日までに払う）といった支払計画に合意させることである。**取引先の支払能力をしっかりと把握し，実現可能な支払の約束を取り付ける。

　　"実現可能な"という意味は，自社との交渉を打ち切りたい一心から来る，払うつもりもない空約束を真に受けてはならないということだ。空約束の場合，「あの時は払えると思ったんだけど，予想以上に資金がなくて払えない，もう少し待ってくれ」とノラリクラリと話をそらされてしまう。

　　きちんと取引先の入金予定を確認して支払の約束を取り付けることが肝要だ。ここまでできれば，かなりの確率で回収できる。

⑥　電話での督促の方法

　ここで最もよく使う電話での督促のポイントを説明したい。

　まず事前準備として，取引先の質問に即答できる態勢を整えておく。「後で

図表5-10 督促方法比較

方　法	効　果	留意点	対象取引先		
電　話	反応が明確で，一気に支払約束まで取り付け可能	高いコミュニケーション能力が必要。時間が掛かる。	大口取引先＝全手段併用	中規模取引先＝電話・督促状併用	小口取引先＝督促状主体・一部電話併用
督促状：e-mail手紙	伝達が容易。一斉に出すことが可能。法的証拠になる⇒出荷停止やコレクションエージェンシーへの移行も容易になる。	一方通行で相手の反応待ちになる。電話と併用が有効。e-mailや手紙で債務明細やインボイスを送っておき，それを双方で見ながら，電話する。			
訪　問	反応が電話より明確で，一気に支払約束まで取付け可能。当方の真剣味も伝わる。⇒取引先の支払の優先順位が上がる。	時間が掛かる。アポイントメントの取得が容易ではない。拘束される等，危険な場合あり。			

調べて回答する」としてしまうと，回答の電話をしようにもなかなか電話が通じないということは十分にありうる。電話が通じたというチャンスを最大限活かさなければならない。

【事前準備の内容】

- 前述のStatement of Account（取引残高明細書）または売掛金明細を用意する。
- その中から支払期限超過のものと，期限が近々到来するものを抜き出す。

第5章　既存取引先の与信管理　　265

- これまでの取引先とのやり取りを読み込む。インボイスや過去の交渉記録を手元に用意する。インボイスはスキャンする等でファイル化しておいて，いつでもe-mailで送付できるようにしておく。
- 取引先の支払権限者，不明な場合には購買担当者を把握しておく。

　こうしたことを実際に支払遅延が起きてから準備するのは意外に大変である。このため，正常に取引をしている段階から，営業担当者が取引履歴や取引先のキーパーソンの名前，性格等を記入した取引先概要表を作成しておくことをお勧めする。前述のCredit Applicationもあればベストだ。

　なお，**電話は辛抱強く何回も掛けることが重要である。**支払遅延をする取引先は事務がルーズな会社や支払う資金のない会社が多いが，両者とも電話は通じにくいからだ。

【電話のポイント】

- 支払権限者，不明な場合には購買担当者を呼び出す。
- 売掛債権の状況，支払期限超過の債権と期限が近く到来する債権を伝える。
  →債務を認めさせる効果がある。
- 支払遅延の債権はいつ支払うのか，期限が近く到来する債権は期日どおり支払えるのかを確認する。→支払約束を取り付ける。
- 取引先の反応を待つ。

　取引先の反応は２つに分けられる。まず，債務の存在を否定するもの，次に支払う資金がないというものだ。**図表5-11，5-12**に主な反応別に対応策をまとめたので参照されたい。

　重要な点は，一方的に話し続けるのではなく，相手の事情をよく聞くことである。督促に限らず，取引先とのトラブルは話を聞くことが問題の解決につながることが多い。

図表5-11 督促時の取引先の反応と対応策（債務の承認関連）

取引先の反応	対応策
インボイスが届いていない	その場でe-mailにてインボイスを送付する。
インボイス金額や数量が異なる	インボイスの異議の内容を社内で突き止め，解決に動く。当方が誤っていれば修正したインボイスを再送するか，クレジットノートで請求額を減額する。
商品に問題がある	社内で事実確認を行い，当方に非があれば値引きまたは商品の再送をする。解決に時間を要するため，期限を再設定したインボイスを送る。

図表5-12 督促時の取引先の反応と対応策（支払約束関連）

取引先の反応	対応策
今は手元に支払う資金がない	いつなら支払う資金ができるのかを確認し，支払期日について合意する。
来月まで待ってほしい	待てば払える合理的な理由を聞き出す。理由が合理的であれば新しい支払期日で合意する。 支払期日が先になるようであれば先日付小切手や手形を要求する。 →債務の確定と支払の優先順位の引上げができる。

支払の合意がなされたら，合意内容を再度確認する。

【電話が終わった後の対応】

電話で支払約束が取れた場合はもちろん，取れなかった場合でも記録を残す。これが次回交渉時のスタート台となる。記録すべき内容は次のとおり。

- 電話した日，現在の支払期日，金額，支払対象のインボイス名（○月○日発行分等），コンタクト結果

• 次回督促を行う日，当方で調査すべきことがあればその調査完了予定日

合意が取れた場合は，合意内容をe-mailで取引先に送付する。

【取引先が支払えないことが明確な場合の対応】

取引先に資金がなく，すぐに全額支払えないことが明確な場合には，取引先と支払計画を立てて，合意を目指す。実際，この方法で時間を掛けて回収したという事例は多い。

支払計画を練るには，取引先の資金繰りをよく聞かなければならない。売上入金日はいつで，いくらか，支払予定日はいつで，いくらかを聞き出し，取引先と一緒に，その中で支払える最大金額を算出する。

少しずつでもいいので定期的に回収していくことが重要である。定期的に回収することで，取引先との関係も維持できるし，取引先の経営に異変がないこともわかる。

また，大口入金の情報をつかんだ場合には，見逃してはならない。遅延利息を減免する等の特典を与えて，自社に優先的に支払うよう仕向ける。

少額の分割払いとなった場合には，支払期日に合わせて，先日付小切手や手形をもらえればベストだ。前述のとおり債務があることが確定し，優先順位が高まる。加えて，支払を促すため，再設定した期日を守れなかった場合の遅延利息を設定しておく。

こうしたことを支払権限者と取り決め，複数回の支払期日とそれぞれの支払金額を明記した書面を作成，確認する。

さらに，延長後の支払期日を遵守させるために，支払期日前日にリマインドの電話をする。

⑦　30日を超える支払遅延が定着化した場合の対応

30日を超える支払遅延を起こすような取引先は，おそらく資金繰りが回っていない。ただ，1回くらいなら，販売先からの入金が遅れた等で一時的に資金

繰りが悪化しただけかもしれない。

　30日を超える支払遅延が連続して起きた，または数ヵ月程度間をおいて再び30日を超える支払遅延が起きたら，その取引先の資金繰りはふらついていて，いつ倒産してもおかしくない状態だといえる。

　そこで，これまで述べてきたようなさまざまな手を打っても，30日を超える支払遅延が定着化した場合には，次のような対応を取る。

- 商品の出荷停止
- 取引限度の廃止
- 支払期間の短縮，Cash on Deliveryへの移行
- 決済方法を期日口座引き落としに移行
- 銀行保証やStandby L/C等のリスクヘッジをする。
- 支払をしなければ，信用調査会社に報告する旨の連絡をする。

図表5-13 支払遅延時の対応フロー

言い訳の特定	社内調査	対応方針決定	督　促	取引停止
インボイス関連か商品やサービス関連か	対応部署へ照会当方非か先方非かを特定	インボイスの再送や商品の再配送・修理【ゴール】債務を認めさせる	事前準備のうえ，電話を主体に督促【ゴール】支払約束を取り付ける	1ヵ月の支払遅延が定着化したら，取引停止，取引限度廃止等の処置をとる

コラム　アジア企業の親族経営

　アジアでは親族経営の企業が多い。資産を会社に残すのではなく，経営者個人や親族に移そうとする経営者も多い。

　このため，アジア企業と取引をする際は，この視点を加える必要がある。経営者はどのように会社を考えているか，経営者の家族構成はどうか，他に親族が経営している会社はないか，そことのつながりはどうか等だ。

　特に，**規定の取引限度を踏み越えて，より一層取引を増やしたいと考えている場合には，経営者とその家族を徹底的に調べることが重要である。**

　経営者およびその家族の資産がどれくらいあるか，そして一族にとって取引先となっている企業の位置付けがどの程度重要か，重要性が変化していないかを見極めることが，取引拡大のキーとなる。

　こうした情報は通り一遍の信用調査ではなかなかわからない。経営者と面談を重ね，実情を把握することが重要である。現地社員に経営者個人の評判を聞く。そうした情報収集が意外に役立つ。

　とはいえ，取引はあくまで会社単位である。どんなに個人資産があっても通常の商取引で経営者の個人保証を取ることは難しい。会社単位で与信判断をし，あくまでその補強材料として経営者情報も利用するという位置付けに置かざるを得ない。

　万が一，経営者が会社の譲渡や資産分割を考えている場合にも，事前にその情報を伝えてもらえる。そうした関係を経営者と構築しておかなければならない。

付　録

海外企業宛て債権管理
状況確認シート

次の表は海外企業宛ての債権管理状況に過不足がないか，
チェックするシートである。貴社の海外債権管理状況の整理に
ご活用されたい。

\multicolumn{3}{c}{拠点用（海外拠点，海外営業担当部署）}
1	会社方針	非日系企業との取引がある or 今後増やしたい。
2	取引先調査	当局データの閲覧等で取引先の登記情報を確認し，取引先の存在確認をしている。
3	取引先調査	信用調査レポート・当局データの閲覧・取引先からの入手等で取引先の決算情報を取得している。
4	取引先調査	取引開始時には信用調査レポートを取得するか，Credit Applicationの提出を取引先に求めている。
5	取引先調査	一定規模以上の売掛金を許容する取引先は面談するルールがある。
6	取引先調査	面談時のヒアリング内容や見るべきポイントをまとめたチェックリストがある。
7	取引先調査	取引先の販売先や自社以外の仕入先を把握している。
8	取引先調査	取引先概要表を作成し，取引先の信用状態や取引上の留意点を記載し，都度更新している。
9	取引先格付	取引先の格付けをしている。
10	取引先格付	格付モデルがある。
11	取引先格付	取引先の定性情報を評価するシートがある。
12	取引先格付	取引先の格付けには所在国のリスクが反映されている。
13	取引先格付	取引先の格付けには親会社の格付けが反映されている。
14	取引先格付	取引先の格付けには支払振りが反映されている。
15	取引条件	現地の一般的な取引条件や決済制度（小切手の流通や銀行送金制度等）について把握している。
16	取引条件	取引条件には取引先の格付けが反映されている。
17	取引限度	取引限度を設定している。
18	取引限度	取引限度には取引先の格付けが反映されている。
19	取引限度	限度を超過しそうな取引先はアラームが出る態勢にある。
20	取引限度	限度を超過する場合の限度増額の審査手続がある。
21	リスクヘッジ	輸出債権のリスクヘッジ手段を把握している。
22	リスクヘッジ	現地販売債権のリスクヘッジ手段を把握している。
23	期中管理	取引開始後も定期的に信用調書，当局データ，Credit Application等で，信用状態を確認している。

24	期中管理	取引先の格付けおよび取引限度を1年に1回定期的に見直している。
25	期中管理	取引先の危険な兆候をチェックする一覧表がある。
26	期中管理	危険な兆候が現れた場合にはその都度，取引先の格付けや取引限度を見直している。
27	支払遅延	支払遅延日数をチェックする体制（システム）や報告ルールがある。
28	支払遅延	支払遅延発生時にはシステム等によるアラームが担当者に発信される。
29	支払遅延	支払遅延発生時の対応ルールがある。 担当者・督促方法（訪問，電話，督促状・e-mail） 督促タイミング・頻度等
30	支払遅延	30日以上の支払遅延発生時の対応を決めている。 限度廃止，出荷停止，コレクションエージェンシー起用等
31	規程	海外売掛債権管理についての規程がある。
32	規程	債権管理規程は担当者に徹底されており，違反がないかどうかを定期的に監査をしている。
本社用（全体管理・カントリーリスク管理等）		
1	全体管理	海外子会社の売掛債権や輸出債権の管理状況（規程およびその運用状況）を本社が把握している。
2	全体管理	海外子会社の売掛債権や輸出債権の格付分布表を提出させている。
3	全体管理	格付けごとのデフォルト率から予想貸倒額を計算，各社の自己資本や利益の一定割合に収まることを確認している。
4	カントリー調査	国の危険度を把握する指標やデータを把握している。
5	カントリー格付	国の格付けをしている。
6	カントリー限度	全社的な国ごとの取引限度がある。 ○国の取引限度は全世界で○○ドル等

7	カントリー全体管理	国ごとに売掛債権残高を集計，限度オーバーしていないかを把握し，超過しそうな場合はリスクヘッジ等の対応を検討している。
8	カントリー条件	国ごとの格付けに応じた取引条件ルールがある。
9	カントリーリスクヘッジ	カントリーリスクのヘッジ方法を把握している。
10	カントリーリスクヘッジ	カントリーリスクのある国の債権を早期に現金化する方法を確保している。
11	カントリーリスクヘッジ	現金を早期にカントリーリスクの小さい国に送金する方法を把握している。
12	カントリー期中管理	国の格付けおよび限度を1年に1度以上，定期的に見直している。
13	カントリー期中管理	国の危険な兆候をチェックする一覧表がある。
14	カントリー期中管理	危険な兆候が現れた場合にはその都度，国の格付けや取引限度を見直している。
15	取引先グループ管理	取引先の株主構成や経営者を確認し，資金流用のおそれのある会社を可能な限りグループ企業として登録している。
16	取引先グループ管理	取引先グループ企業の合算与信限度管理をしている。

《著者紹介》

保阪　賀津彦（ほさか　かつひこ）

三菱UFJリサーチ＆コンサルティング株式会社
国際業務支援ビジネスユニット　国際アドバイザリー事業部　副部長

1986年慶應義塾大学経済学部卒業，三菱銀行（現三菱UFJ銀行）に入行。
外国為替ディーリングを担当後，三菱UFJファクターに出向，企画業務を担当。三菱UFJ銀行帰任後は国際業務部副部長として企業の海外展開および海外債権，為替，資金のリスク管理等のアドバイス，行員向けの研修を担当。
2015年より現職にて，海外企業向けの与信管理・債権管理，外貨ALM管理，為替リスク管理等のコンサルティング業務に従事。
株式会社商事法務・債権管理実務委員会，経営法友会，三菱UFJ銀行のセミナー講師等を担当。旬刊経理情報等雑誌寄稿も多数。

海外債権管理の実務ハンドブック

2019年11月15日　第1版第1刷発行

著　者	保　阪　賀　津　彦	
発行者	山　本　　　　継	
発行所	㈱中　央　経　済　社	
発売元	㈱中央経済グループ パ　ブ　リ　ッ　シ　ン　グ	

〒101-0051　東京都千代田区神田神保町1-31-2
電話　03 (3293) 3371 (編集代表)
03 (3293) 3381 (営業代表)
http://www.chuokeizai.co.jp/
印刷／三　英　印　刷㈱
製本／誠　製　本㈱

© 2019
Printed in Japan

＊頁の「欠落」や「順序違い」などがありましたらお取り替えいたしますので発売元までご送付ください。（送料小社負担）
ISBN978-4-502-32601-1　C3034

JCOPY〈出版者著作権管理機構委託出版物〉本書を無断で複写複製（コピー）することは，著作権法上の例外を除き，禁じられています。本書をコピーされる場合は事前に出版者著作権管理機構（JCOPY）の許諾を受けてください。
JCOPY〈http://www.jcopy.or.jp　eメール：info@jcopy.or.jp〉

── ■おすすめします■ ─────────────

学生・ビジネスマンに好評
■最新の会計諸法規を収録■

新版 会計法規集

中央経済社編

会計学の学習・受験や経理実務に役立つことを目的に，最新の会計諸法規と企業会計基準委員会等が公表した会計基準を完全収録した法規集です。

─────────────────────────

《主要内容》

会計諸基準編＝企業会計原則／外貨建取引等会計処理基準／連結CF計算書等作成基準／研究開発費等会計基準／税効果会計基準／減損会計基準／自己株式会計基準／１株当たり当期純利益会計基準／役員賞与会計基準／純資産会計基準／株主資本等変動計算書会計基準／事業分離等会計基準／ストック・オプション会計基準／棚卸資産会計基準／金融商品会計基準／関連当事者会計基準／四半期会計基準／リース会計基準／工事契約会計基準／持分法会計基準／セグメント開示会計基準／資産除去債務会計基準／賃貸等不動産会計基準／企業結合会計基準／連結財務諸表会計基準／研究開発費等会計基準の一部改正／変更・誤謬の訂正会計基準／包括利益会計基準／退職給付会計基準／原価計算基準／監査基準／連続意見書　他

会 社 法 編＝会社法・施行令・施行規則／会社計算規則

金 商 法 編＝金融商品取引法・施行令／企業内容等開示府令／財務諸表等規則・ガイドライン／連結財務諸表規則・ガイドライン／四半期財務諸表等規則・ガイドライン／四半期連結財務諸表規則・ガイドライン　他

関 連 法 規 編＝税理士法／討議資料・財務会計の概念フレームワーク　他

───────────── ■中央経済社■

■最新の監査諸基準・報告書・法令を収録■

監査法規集

中央経済社編

本法規集は，企業会計審議会より公表された監査基準をはじめとする諸基準，日本公認会計士協会より公表された各種監査基準委員会報告書・実務指針等，および関係法令等を体系的に整理して編集したものである。監査論の学習・研究用に，また公認会計士や企業等の監査実務に役立つ1冊。

《主要内容》

企業会計審議会編＝監査基準／不正リスク対応基準／中間監査基準／四半期レビュー基準／品質管理基準／保証業務の枠組みに関する意見書／内部統制基準・実施基準

会計士協会委員会報告編＝会則／倫理規則／監査事務所における品質管理　《監査基準委員会報告書》　監査報告書の体系・用語／総括的な目的／監査業務の品質管理／監査調書／監査における不正／監査における法令の検討／監査役等とのコミュニケーション／監査計画／重要な虚偽表示リスク／監査計画・実施の重要性／評価リスクに対する監査手続／虚偽表示の評価／監査証拠／特定項目の監査証拠／確認／分析的手続／監査サンプリング／見積りの監査／後発事象／継続企業／経営者確認書／専門家の利用／意見の形成と監査報告／除外事項付意見　他《**監査・保証実務委員会報告**》継続企業の開示／後発事象／会計方針の変更／内部統制監査／四半期レビュー実務指針／監査報告書の文例

関係法令編＝会社法・同施行規則・同計算規則／金商法・同施行令／監査証明府令・同ガイドライン／内部統制府令・同ガイドライン／公認会計士法・同施行令・同施行規則

法改正解釈指針編＝大会社等監査における単独監査の禁止／非監査証明業務／規制対象範囲／ローテーション／就職制限又は公認会計士・監査法人の業務制限

● 実務・受験に愛用されている読みやすく正確な内容のロングセラー！

定評ある税の法規・通達集 シリーズ

所得税法規集
日本税理士会連合会 編
中央経済社

❶所得税法 ❷同施行令・同施行規則・同関係告示 ❸租税特別措置法（抄）❹同施行令・同施行規則・同関係告示（抄）❺震災特例法・同施行令・同施行規則（抄）❻復興財源確保法（抄）❼復興特別所得税に関する政令・同省令（抄）❽災害減免法・同施行令（抄）❾国外送金等調書提出法・同施行令・同施行規則・同関係告示

所得税取扱通達集
日本税理士会連合会 編
中央経済社

❶所得税取扱通達（基本通達／個別通達）❷租税特別措置法関係通達 ❸国外送金等調書提出法関係通達 ❹災害減免法関係通達 ❺震災特例法関係通達 ❻索引

法人税法規集
日本税理士会連合会 編
中央経済社

❶法人税法 ❷同施行令・同施行規則・法人税申告書一覧表 ❸減価償却耐用年数省令 ❹法人税法関係告示 ❺地方法人税法・同施行令・同施行規則 ❻租税特別措置法（抄）❼同施行令・同施行規則・同関係告示 ❽震災特例法・同施行令・同施行規則（抄）❾復興財源確保法（抄）❿復興特別法人税に関する政令・同省令 ⓫租特透明化法・同施行令・同施行規則

法人税取扱通達集
日本税理士会連合会 編
中央経済社

❶法人税取扱通達（基本通達／個別通達）❷租税特別措置法関係通達（法人税編）❸連結納税基本通達 ❹租税特別措置法関係通達（連結納税編）❺減価償却耐用年数省令 ❻機械装置の細目と個別年数 ❼耐用年数の適用等に関する取扱通達 ❽震災特例法関係通達 ❾復興特別法人税関係通達 ❿索引

相続税法規通達集
日本税理士会連合会 編
中央経済社

❶相続税法 ❷同施行令・同施行規則・同関係告示 ❸土地評価審議会令・同省令 ❹相続税法基本通達 ❺財産評価基本通達 ❻相続税法関係個別通達 ❼租税特別措置法（抄）❽同施行令・同施行規則（抄）・同関係告示 ❾租税特別措置法（相続税法の特例）関係通達 ❿震災特例法・同施行令・同施行規則（抄）・同関係告示 ⓫震災特例法関係通達 ⓬災害減免法・同施行令（抄）⓭国外送金等調書提出法・同施行令・同施行規則・同関係通達 ⓮民法（抄）

国税通則・徴収法規集
日本税理士会連合会 編
中央経済社

❶国税通則法 ❷同施行令・同施行規則・同関係告示 ❸租税特別措置法・同施行令・同施行規則（抄）❹国税徴収法 ❺同施行令・同施行規則 ❻滞調法・同施行令・同施行規則 ❼税理士法・同施行令・同施行規則・同関係告示 ❽電子帳簿保存法・同施行令・同施行規則・同関係告示・同関係通達 ❾行政手続オンライン化法・国税関係法令に関する省令・同関係告示 ❿行政手続法 ⓫行政不服審査法 ⓬行政事件訴訟法（抄）⓭組織的犯罪処罰法（抄）⓮没収保全と滞納処分との調整令 ⓯犯罪収益規則（抄）⓰麻薬特例法（抄）

消費税法規通達集
日本税理士会連合会 編
中央経済社

❶消費税法 ❷同別表第三等に関する法令 ❸同施行令・同施行規則・同関係告示 ❹消費税法基本通達 ❺消費税申告書様式等 ❻消費税法等関係取扱通達等 ❼租税特別措置法（抄）❽同施行令・同施行規則（抄）・同関係通達 ❾消費税転嫁対策法・同ガイドライン ❿震災特例法・同施行令・同関係告示 ⓫震災特例法関係通達 ⓬税制改革法等 ⓭地方税法（抄）⓮同施行令・同施行規則（抄）⓯所得税・法人税政省令（抄）⓰輸徴法令 ⓱関税法（抄）⓲関税定率法（抄）

登録免許税・印紙税法規集
日本税理士会連合会 編
中央経済社

❶登録免許税法 ❷同施行令・同施行規則 ❸租税特別措置法・同施行令・同施行規則（抄）❹震災特例法・同施行令・同施行規則（抄）❺印紙税法 ❻同施行令・同施行規則 ❼印紙税法基本通達 ❽租税特別措置法・同施行令・同施行規則 ❾印紙税額一覧表 ❿震災特例法・同施行令・同施行規則（抄）⓫震災特例法関係通達等

中央経済社